LA PETITE HISTOIRE DE FRANCE

ILLUSTRÉE PAR JOB

JACQUES BAINVILLE

TABLE DES MATIÈRES

1. VERCINGETORIX ET JULES CESAR	1
2. ATILA	4
3. CLOVIS	6
4. LES ROIS FAINEANTS	10
5. CHARLES MARTEL ET PEPIN LE BREF	12
6. CHARLEMAGNE L'EMPEREUR A LA BARBE FLEURIE	15
7. ROBERT LE FORT	17
8. HUGUES CAPET	19
9. LES SEIGNEURS FEODAUX	21
10. LE PIEUX ROBERT	23
11. LES CROISADES	25
12. GUILLAUME LE CONQUERANT - LES COMMUNES	28
13. LA BATAILLE DE BOUVINES	30
14. SAINT-LOUIS	32
15. PHILIPPE LE BEL	35
16. LA GUERRE DE CENT ANS	37
17. LA FOLIE DE CHARLES VI	40
18. JEANNE D'ARC	42
19. LOUIS XI	47
20. CHARLES VIII - LOUIS XII	51
21. FRANÇOIS IER - CHARLES-QUINT	53
22. HENRI II	56
23. LES GUERRES DE RELIGION	58
24. HENRI IV	60
25. LOUIS XIII - RICHELIEU	63
26. MAZARIN ET LA FRONDE	65
27. LOUIS XIV - LE ROI SOLEIL	67
28. LA REGENCE	72
29. LOUIS XV	74
30. LOUIS XVI	77
31. LA REVOLUTION	79
32. LA TERREUR	81
33. LE GENERAL BONAPARTE	84
34. NAPOLEON 1ER	86
35. LOUIS XVIII - CHARLES X	90
36. LOUIS-PHILIPPE	92
37. NAPOLÉON III	94

38. LA GUERRE DE 1870 96
39. LA TROISIÈME RÉPUBLIQUE 99
40. LA GRANDE GUERRE 102

ILLUSTRATIONS DE JACQUES MARIE
GASTON ONFROY DE BRÉVILLE

1

VERCINGETORIX ET JULES CESAR

Il y a bien, bien longtemps, dans un temps si lointain que les arrière-grands-parents de nos arrière-grands-parents n'ont pas pu le connaître, notre pays s'appelait la Gaule.

Il était couvert d'immenses forêts. Et Paris n'était qu'un petit village qui tenait dans une île de la Seine.

Ses habitants, qui s'appelaient les Gaulois, étaient de haute taille et ils portaient de longues moustaches qui leur donnaient un air guerrier. Ils aimaient par-dessus tout à entendre de beaux discours et à se battre. Ils étaient si braves, qu'ils disaient :

« Nous ne craignons qu'une chose, c'est que le ciel tombe sur nos têtes. »

C'est pourquoi ils allaient parfois guerroyer dans les pays lointains. Ils prirent même la grande ville de Rome, et les Romains furent épouvantés comme s'ils avaient vu entrer des sauvages.

Beaucoup s'enfuirent mais les vieux sénateurs étaient restés chez eux, assis sur leurs chaises, pour donner l'exemple du courage. Les Gaulois étaient si naïfs, qu'ils prirent ces vieillards pour des statues. L'un d'eux, afin de s'en assurer, tira la barbe d'un sénateur, qui lui donna un coup de bâton. Alors les Gaulois les tuèrent tous.

Les Gaulois vainqueurs obligèrent les Romains à leur payer une grosse somme d'or que l'on devait peser dans une balance et ils apportèrent de faux poids. Comme les Romains se plaignaient, le chef gaulois Brennus jeta son épée dans la balance et s'écria :

« Malheur aux vaincus ! »

Mais les Gaulois devaient être plus tard vaincus par les Romains, qui n'avaient pas oublié le mot de Brennus. Ce qui prouve que, dans ce monde, c'est à chacun son tour.

De longues années passèrent encore pendant lesquelles les Gaulois vécurent sans soucis, croyant bien qu'ils seraient toujours les maîtres chez eux. Ils aimaient beaucoup les fêtes, les grands repas, la poésie et les chansons. Leurs prêtres s'appelaient les druides. Ils cueillaient le gui dans les arbres, en grande cérémonie. C'est en souvenir des druides qu'on vend encore du gui dans les rues et que nous en mettons dans nos maisons.

Les Gaulois n'auraient jamais cessé d'être les plus forts s'ils avaient été unis. Malheureusement pour eux, ils avaient l'habitude de se quereller et même de se battre entre eux. Et c'est pourquoi ils perdirent leur liberté.

Ils avaient, de l'autre côté du Rhin, des voisins très batailleurs et très méchants, qui s'appelaient alors les Germains et que nous appelons les Allemands. Les barbares de Germanie profitèrent des disputes des Gaulois pour envahir la Gaule.

C'était le moment que les Romains attendaient.

« Nous arrivons, dirent-ils aux Gaulois. Nous allons vous aider à chasser vos ennemis. »

Les Romains firent, en effet, comme ils l'avaient promis. Seulement, quand ils furent entrés en Gaule, ils n'en sortirent plus. Et ils entreprirent de conquérir tout le pays.

C'est ce que fit un grand chef qui s'appelait Jules César.

Il avança avec ses soldats bien disciplinés, qui savaient creuser des trous dans la terre pour s'abriter et qui lançaient de loin leurs javelots. Avec toute leur bravoure, les Gaulois venaient se briser contre les légions de Jules César, et chacune de leurs tribus ou provinces se faisait écraser séparément.

Ils s'aperçurent alors qu'ils seraient infailliblement battus et réduits en esclavage s'ils restaient divisés, et ils décidèrent d'obéir à un seul roi qui s'appelait Vercingétorix. Mais il était déjà trop tard. Jules César avait conquis la moitié de la Gaule. Il marcha à la rencontre de Vercingétorix, qui fut battu après une lutte acharnée et dut chercher un refuge dans la ville d'Alésia, devant laquelle les Romains vinrent mettre le siège.

En vain les autres Gaulois essayèrent-ils de délivrer leur chef. Comprenant que la résistance était inutile, Vercingétorix monta sur son plus beau cheval et alla jeter ses armes aux pieds de Jules César pour montrer qu'il se rendait. Jules César ne fut pas plus généreux que ne l'avait été Brennus. Il emmena Vercingétorix à Rome, le mit en prison, et, au bout de six années, il le fit étrangler.

C'était au tour des Romains de dire :

« Malheur aux vaincus ! »

VERCINGETORIX ET JULES CESAR | 3

Vercingétorix se rend à César

2

ATILA

Dans la suite, les Gaulois tentèrent plusieurs fois de se révolter, mais ce fut inutilement. Un certain Sabinus voulut recommencer ce qu'avait fait Vercingétorix. Il ne fut pas plus heureux. Son armée ayant été mise en déroute, il vécut neuf ans caché dans un souterrain avec sa femme Éponine et ses enfants. Les Romains, l'ayant découvert, le condamnèrent à mort, et Éponine demanda à être exécutée avec lui.

Alors les Gaulois comprirent qu'il ne servirait à rien de résister davantage. Leur pays était devenu une colonie romaine où l'on n'était pas malheureux. Les vainqueurs leur avaient appris toutes sortes de choses qu'ils ne connaissaient pas, par exemple à construire de belles maisons de pierre au lieu de cabanes en bois. Et la Gaule commença à se couvrir de monuments presque aussi beaux que ceux de Rome et dont quelques-uns existent encore aujourd'hui.

En même temps, les Gaulois oublièrent leur langue pour parler celle des vainqueurs, le latin, d'où est sorti le français que nous parlons aujourd'hui. Et, au bout de quelques années, ils furent si bien habitués à Rome, qu'on les appela les Gallo-Romains. Ils avaient abandonné leurs druides et l'usage cruel des sacrifices humains. Ils adoraient les mêmes dieux que les Romains et les Grecs.

Mais, quand le christianisme parut, beaucoup reconnurent tout de suite que c'était la vraie religion et l'embrassèrent avec ardeur. Il y eut parmi eux des saints et des martyrs. A Lyon, sainte Blandine, une humble servante, émerveilla tout le monde par son courage et sa foi. Elle fut livrée dans le cirque à un taureau furieux qui la jeta en l'air avec ses cornes jusqu'à ce qu'elle mourût, sans avoir jamais renié son Christ. Ces exemples émurent les Gallo-Romains, qui, peu à peu, se firent tous baptiser.

Cependant, derrière le Rhin, il y avait toujours ces insupportables Alamans ou Allemands, qui rêvaient d'entrer dans cette Gaule où il y avait tant de richesses et où l'on vivait dans l'abondance. Derrière ces Germains s'agitait une foule de peuplades, Goths, Wisigoths, Ostrogoths, Vandales, Huns, d'autres encore, qui n'étaient pas moins avides de bonnes terres, de pillage et de butin.

Tout alla bien tant que Rome fut forte. Elle avait élevé sur les frontières de la Gaule une grande muraille, avec des tours de place en place, pour surveiller les Barbares et pour les empêcher d'entrer. Mais un jour vint où la surveillance se relâcha et où l'Empire romain, attaqué de tous côtés, n'eut plus assez de soldats pour défendre le passage du Rhin.

Les invasions commencèrent. Plusieurs fois, les Barbares, ayant pénétré jusqu'au cœur de la Gaule, dévastant tout sur leur passage, furent reconduits chez eux l'épée dans les reins. Mais, à la fin, la digue creva partout. L'Empire romain, débordé, succomba.

Alors une nuée de Barbares s'abattit sur notre pays. Il en venait de tous les côtés et de toutes les races. Incapables de résister, les Gallo-Romains s'enfermaient dans les villes. Et comme personne ne gouvernait plus, comme il n'y avait plus de chefs, ils se groupaient autour de leurs évêques, qui s'efforçaient de les protéger. Ce fut une époque sombre et désolée où personne n'était sûr de retrouver sa maison ni de garder la vie sauve.

De ces invasions, la plus terrible fut celle des Huns, qui venaient du fond de l'Asie montés sur leurs petits chevaux. Avec leur peau noire et leurs grandes oreilles, ils ressemblaient à des diables ou à des ogres. Ils ne faisaient même pas cuire leur viande et la mangeaient crue après l'avoir écrasée sous leur selle.

On appelait Attila, leur roi, le « **fléau de Dieu** ». Et l'on disait que l'herbe ne poussait plus où il avait passé.

Cette fois, au lieu de se laisser aller à l'épouvante, les Gallo-Romains eurent l'énergie du désespoir. Ils mirent à leur tête un bon général, Aetius. Et ils furent aidés par d'autres Barbares, les Francs, qui, meilleurs et plus civilisés que les autres, étaient devenus leurs amis. Il y eut une immense bataille aux Champs catalauniques, en Champagne. Cent soixante mille hommes y périrent. Enfin Attila fut vaincu et il s'enfuit avec ce qu'il lui restait de ses Huns, au galop de leurs petits chevaux.

Ils avaient brûlé, eux aussi, beaucoup de maisons et laissé beaucoup de ruines. Mais Paris avait été épargné. Une pieuse femme, sainte Geneviève, avait veillé sur la ville et passé de longs jours en prières pour que les Parisiens ne fussent pas massacrés. C'est pourquoi sainte Geneviève est devenue la patronne de Paris. Et, depuis ce temps, sa fête est célébrée chaque année.

3

CLOVIS

Les Francs, qui venaient de s'allier aux Gallo-Romains pour chasser Attila et ses horribles diables noirs, étaient aussi des Barbares, mais beaucoup moins méchants que les autres.

Ils habitaient la Belgique, et, à force de vivre près de la Gaule romaine, l'envie leur vint de s'y installer tout à fait. C'étaient des guerriers très braves. Ils avaient un roi qui était toujours pris dans la même famille, celle de Mérovée, d'où le nom de Mérovingiens qui fut donné à ses successeurs. Le petit-fils de Mérovée s'appelait Clovis, et c'est lui qui fonda le premier royaume de France.

Les Francs étaient encore païens. Ils adoraient le dieu Odin et ils croyaient qu'après la mort le bon guerrier allait dans un endroit de délices appelé Walhalla, où il passait l'éternité à se battre et à faire de bons repas. Mais Clovis avait déjà de l'amitié pour les chrétiens, et c'est ainsi qu'il put devenir le roi de la Gaule après avoir été celui d'un tout petit, canton.

Une fois qu'il s'était avancé jusqu'à Soissons, et comme ses Francs avaient beaucoup pillé, saint Rémi, évêque de Reims, lui réclama un vase précieux enlevé d'une église.

Clovis voulut lui faire plaisir. Et, l'usage des Francs étant que le butin fût mis en commun et tiré au sort, Clovis demanda à ses soldats de lui donner le vase pour sa part. Tous y consentirent, sauf un, qui brisa le vase d'un coup de hache, en disant à Clovis :

« Tu n'auras pas plus que les autres, mais seulement ce que le sort t'accordera. »

Car les Francs prétendaient qu'ils étaient tous égaux entre eux et qu'ils n'obéissaient que librement.

Clovis ne dit rien, mais il n'oublia pas l'affront qu'il avait reçu.

L'an d'après, en passant une revue, il reconnut le soldat qui avait cassé le vase.

« Personne n'a des armes aussi mal tenues que les tiennes » lui dit-il.

En même temps, il lui arracha ses armes et les jeta à terre. Et comme le soldat se baissait pour les ramasser, Clovis lui fendit la tête d'un coup de sa francisque, l'arme préférée des Francs, en s'écriant :

« Souviens-toi du vase de Soissons ! »

Et, après cet exemple, nul n'osa plus lui désobéir.
Cependant Clovis avait épousé une princesse qui était chrétienne et qui s'appelait Clotilde, aussi fût-il bien accueilli des Gallo-Romains. Amiens, Beauvais, Rouen et enfin Paris lui ouvrirent leurs portes. Et bientôt il rendit un grand service en repoussant une invasion des Alamans. C'est à cette occasion que lui-même se fit chrétien. Comme il livrait une grande bataille aux Germains, dans un lieu appelé Tolbiac, il vit un moment ses soldats reculer, et, regardant le ciel, il prononça ces mots :

« Dieu de Clotilde ! Donne-moi la victoire. »

Il fut exaucé.
Les Alamans furent mis en fuite. Clovis tint parole et, avec trois mille de ses compagnons, il reçut le baptême des mains de saint Rémi. On vit ce farouche guerrier s'agenouiller devant l'évêque, qui lui dit :

« Courbe la tête, fier Sicambre ; adore ce que tu as brûlé et brûle ce que tu as adoré. »

Ensuite il fut sacré roi avec l'huile bénite de la sainte ampoule de Reims, qui, depuis, a été mise, le jour du sacre, sur le front de tous les rois de France. Clovis en fut le premier, et c'est de la nation des Francs que notre pays prit alors son nom.
Devenu catholique, Clovis eut si bonne réputation, que toute la France (c'est ainsi qu'elle s'appellera désormais) voulut l'avoir pour roi. En peu de temps, il fut le seul maître, depuis le Rhin jusqu'aux Pyrénées. Et il choisit pour capitale Paris.
Si Clovis était obéi en France, il ne l'était pas encore de tous les Francs qui habitaient la Belgique et dont chaque tribu avait son roi. Il détrôna un à un ces petits princes et réunit leurs domaines au sien. »
Plus tard, on a raconté qu'il les avait fait périr et même qu'il en avait, de sa propre main, tué plusieurs. On dit qu'il conseilla à Chlodéric, fils de Sigebert, roi de Cologne, d'assassiner son père et de s'emparer de ses trésors. Chlodéric l'ayant écouté, Clovis lui envoya des messagers qui lui demandèrent de lui montrer le coffre où Sigebert cachait ses pièces d'or. Et Chlodéric ayant ouvert le coffre, ils lui dirent :

« Plonge ta main jusqu'au fond pour voir combien il y en a. »

Et, comme il se penchait sur les pièces d'or, ils lui fracassèrent la tête. Clovis dit alors que Chlodéric avait été justement puni d'avoir tué et volé son père.

Il n'est pas certain que cette histoire, ni toutes les autres qu'on raconte de Clovis, soit vraie. Mais s'il fut un grand roi, et très intelligent, il était tout de même resté un peu barbare.

Le vase de Soissons

4

LES ROIS FAINEANTS

A sa mort, ses fils se partagèrent son royaume. C'était une mauvaise habitude qu'avaient gardée les Francs, car un pays ne se partage pas comme un champ. De plus, ils étaient très jaloux les uns des autres et se battaient souvent entre eux. C'est pourquoi les descendants de Clovis perdirent l'héritage qu'il leur avait laissé.

On raconta alors cette légende :

Une nuit que Childéric, père de Clovis, dormait, la reine Basine le réveilla et lui dit :

« Ô, roi, lève-toi, et ce que tu verras dans la cour de la maison, tu viendras le dire à ta servante. »

Childéric, s'étant levé, alla dans la cour. Il vit passer des lions des tigres et des léopards, et revint vers Basine, qui lui dit :

« Ô, mon maître retourne dans la cour, et ce que tu auras vu, tu le raconteras à ta servante. »

Cette fois, Childéric vit des loups et des ours. Et la troisième fois il vit des chiens qui se battaient et qui se mordaient jusqu'au sang.

« Ce que tu as vu, dit alors la reine Basine, arrivera en vérité. Notre fils Clovis sera un lion. Ses fils seront des tigres et des léopards. Les fils de ses fils seront des loups et des ours. Et les chiens que tu viens de voir ruineront le royaume. »

En effet, les Mérovingiens, descendant de Clovis, eurent entre-eux de sanglantes querelles, et presque tous périrent de mort violente. Les femmes elles-mêmes s'en mêlèrent, Frédégonde, reine d'Austrasie, ayant fait assassiner sa rivale Galswinthe, sœur de Brunehaut, reine de Neustrie, il y eut une guerre atroce. A la fin, Brunehaut, ayant été vaincue, fut attachée à la queue d'un cheval emporté. Tant de crimes portèrent malheur à cette famille divisée contre elle-même.

Elle eut pourtant un bon roi dont le souvenir ne s'est pas perdu et qui s'appelait Dagobert. Celui-là était juste. Il ne fit tuer personne et n'inspirait de crainte qu'aux méchants. Son ministre s'appelait saint Éloi.

On a fait sur eux une chanson qui se chante encore, ce qui prouve qu'ils furent populaires. Saint Éloi, avant de devenir évêque de Noyon, était orfèvre de son métier, et Dagobert, qui aimait les belles choses, l'aidait à mettre dans les églises des croix enrichies de pierres précieuses. Mais après ce bon roi il n'y eut plus que des princes mous, paresseux et incapables. Ils abandonnaient la charge du pouvoir à leurs ministres, qu'on appelait les maires du palais, tandis qu'eux-mêmes passaient leur temps à s'amuser et à se promener dans des chars conduits par des bœufs. Il leur en est resté le nom de rois fainéants.

Alors, comme il arrive toujours, ceux qui travaillaient prirent la place de ceux qui ne voulaient rien faire Les maires du palais devinrent les véritables rois. C'est ainsi que les Mérovingiens disparurent. On enferma les derniers d'entre eux dans des couvents après leur avoir coupé les cheveux en signe qu'ils étaient déchus.

5

CHARLES MARTEL ET PEPIN LE BREF

Il fallait bien tout de même que quelqu'un commandât. Et, dans la partie de la France qui se nommait l'Austrasie, il y avait un maire du palais, obéi et réputé, de la famille duquel allaient sortir les nouveaux rois et le plus illustre d'entre eux, Charlemagne, empereur.

Du reste, si les ducs des Francs (c'est le titre qu'ils avaient pris) devinrent des rois, ce fut, comme Clovis, à cause des services qu'ils avaient rendus à la France.

L'un d'eux, qui s'appelait Charles, la sauva d'une nouvelle invasion presque aussi terrible que celle des Huns. De bien loin, plus loin que la mer Rouge, arrivaient, à travers l'Espagne, qu'ils avaient conquise les Arabes ou Sarrasins, montés sur leurs chevaux rapides. Ils se disaient les envoyés d'Allah et de Mahomet son prophète, et ils voulaient que tous les vaincus se convertissent comme eux à la religion musulmane.

Ils étaient déjà remontés très haut en France, semant l'effroi et rompant les têtes avec leur cimeterre, lorsque le duc Charles marcha à leur rencontre. La bataille, qui fut épouvantable, eut lieu près de Poitiers. A la fin, les musulmans furent mis en déroute, laissant des monceaux de morts. Charles frappa si bien et si dur, comme un véritable marteau, qu'il en garda le surnom de Charles Martel.

Son fils Pépin, qu'on appelait le Bref parce qu'il était de petite taille, était aussi un rude soldat. Un jour, tandis qu'il était occupé au loin à combattre les Allemands, toujours mauvais voisins et pillards, il apprit que beaucoup de gens allaient disant en France qu'un homme pas plus haut que ça ne pouvait pas être un chef. Étant rentré de la guerre, victorieux comme d'habitude, il ordonna, en présence de ceux qui s'étaient moqués de lui, d'amener un taureau furieux et un lion féroce. Le lion ayant saisi le taureau par le cou et l'ayant jeté à terre, Pépin dit alors à ceux qui l'entouraient :

« Allez et délivrez le taureau ou bien tuez le lion. »

Et comme tous se regardaient effrayés en déclarant que c'était une chose impossible, Pépin tira son épée, et, d'un seul coup, trancha la tête du lion et celle du taureau. Alors, remettant son glaive au fourreau, il leur dit :

« Vous semble-t-il maintenant que je puisse être votre seigneur ? N'avez-vous donc jamais entendu raconter comment David enfant vainquit le géant Goliath et comment Alexandre, qu'on appela le Grand, bien qu'il fût aussi court que moi, traita ses généraux qui le dépassaient tous de la tête ? »

A ces mots, les moqueurs tombèrent à genoux en s'écriant :

« A moins d'être fou, qui se refuserait à reconnaître que vous êtes seul digne de nous commander tous ? »

C'est ainsi que Pépin devint roi. Et il eut un fils, Charles, dont le règne fut tellement glorieux, que tous ceux de sa famille voulurent être dits descendants de Charles et, pour cette raison, s'appelèrent Carolingiens. Mais lui les domine tous. C'est pourquoi il fut Charles le Grand, Charlemagne.

Charles Martel à Poitiers

6

CHARLEMAGNE L'EMPEREUR A LA BARBE FLEURIE

Quand Charles parut, tous les barbares et tous les ennemis de la France tremblèrent.

Il battit les Avars, qui étaient des sortes de Huns, et il enleva la couronne de fer au roi des Lombards qui s'était emparé de l'Italie. En Allemagne, il écrasa les Saxons. Et comme ils s'obstinaient à adorer leur dieu Odin, Charlemagne, parfois violent et dur comme on l'était de son temps, ordonna que tous ceux qui ne voudraient pas recevoir le baptême auraient la tête tranchée. Alors ils se convertirent presque tous à la religion du Christ.

Charlemagne régnait, bien au delà du Rhin et des Alpes, sur près d'une moitié de l'Europe. Son royaume était presque aussi grand que l'avait été l'Empire romain. C'est pourquoi le titre de roi ne lui suffit plus, et il reçut celui d'empereur.

Je ne vous donnerai pas beaucoup de dates dans cette histoire. Mais apprenez celle-ci, qui est facile à retenir. En l'an 800, le jour de Noël, dans l'église Saint-Pierre de Rome, le pape posa la couronne impériale sur la tête du fils de Pépin. Plus tard cette couronne sera prise par des princes allemands, qui, jusqu'à nos jours, se la disputeront entre eux.

Charlemagne, l'empereur à la barbe fleurie, était respecté de tous. A sa cour d'Aix-la-Chapelle, il recevait des ambassadeurs des pays les plus lointains. Un jour, le calife Haroun-al-Rachid, dont vous avez peut-être entendu parler par les contes des Mille et une nuits, lui envoya un éléphant et une horloge sonnante, chose qui était alors inconnue chez nous.

Charlemagne n'était pas occupé seulement à faire la guerre. Il s'appliquait aussi à gouverner sagement. Il n'aimait ni les ignorants ni l'ignorance et il s'entourait d'hommes savants, comme Alcuin. Et, les études étant depuis longtemps délaissées, il voulut que les enfants allassent à l'école. Souvent, suivi de son ministre Éginhard, il visitait les classes. Il mettait à sa droite ceux qui avaient bien travaillé. Il mettait les autres à sa gauche et les grondait sévèrement, fussent-ils fils de grands seigneurs. En souvenir de cela, la Saint-Charlemagne est devenue la fête des bons écoliers. Le règne de Charlemagne fut aussi long que glorieux. Et c'est seulement lorsqu'il commença à vieillir que l'empereur connut des jours de tristesse.

Les Sarrasins, battus par Charles Martel à Poitiers, s'étaient retirés en Espagne. Ils tyrannisaient ce pays chrétien et ils inquiétaient nos frontières. Charlemagne résolut de les châtier et il franchit les montagnes avec une armée, accompagné de son neveu Roland. Roland était le plus brave des guerriers, et, comme son ami Olivier, un véritable paladin. Quand il soufflait dans son cor, on l'entendait à quinze lieues, et son épée Durandal pouvait fendre les rochers.

Mais l'armée de Charlemagne n'était pas assez forte et dut battre en retraite. Roland voulut commander l'arrière-garde, parce que c'était là qu'était le danger. Comme il traversait un défilé étroit, les Sarrasins parurent tout à coup et firent tomber du haut de la montagne d'énormes pierres. Alors Roland, pour appeler du secours, souffla de toutes ses forces dans son cor. Charlemagne l'entendit de loin et dit :

« N'est-ce pas là le cor de Roland ? »

Mais le traître Ganelon assura que non, car il était secrètement l'ami des Sarrasins. Cependant Roland soufflait de plus en plus fort, tant que les veines de son cou se rompirent, tandis que Ganelon empêchait toujours Charlemagne de revenir sur ses pas pour porter secours à son neveu.

C'est ainsi que périt Roland avec son ami Olivier, et cette histoire, mise en vers par un poète, est devenue une grande Chanson que les Français aimaient entendre réciter. Depuis on se souvient toujours de Roland et d'Olivier, preux de Charlemagne, et quand on veut désigner un homme qui trahit ses camarades, on l'appelle Ganelon.

Charlemagne eut une grande douleur de la mort de son neveu. Ganelon fut puni, et les Sarrasins aussi, car, cette fois, une armée assez nombreuse pour les vaincre fut envoyée en Espagne.

Cependant l'empereur devenait bien vieux, et sa belle barbe était toute blanche. Et il avait, de grands soucis, car il se demandait ce que son empire deviendrait après sa mort. On raconte qu'un jour, étant sur le rivage de la mer, il aperçut de loin des navires peints en rouge et qui avaient des formes de bêtes de proie. Ces navires portaient des pirates venus des pays du Nord et qu'on appelait Northmans ou Normands. Alors l'empereur versa des larmes amères et il s'écria :

« Tant que je serai vivant, ces pirates du Nord n'oseront pas approcher de nos côtes. Mais, après moi, qu'arrivera-t-il à mes peuples ? »

7

ROBERT LE FORT

De même que les descendants de Clovis, les héritiers de Charlemagne ne furent pas dignes de leur ancêtre, et ils perdirent l'empire que celui-ci leur avait laissé.

Le fils de Charles le Grand s'appelait Louis, et on le surnomma le Débonnaire, ce qui était une manière polie de dire le Faible ou le Sot. Il ne sut se faire obéir de personne, des révoltes éclatèrent et le désordre se mit partout. Tandis qu'on respectait Charlemagne, on se moqua de Louis le Débonnaire, et, deux fois, on l'enferma dans un couvent avec des moines, après l'avoir obligé à demander pardon de ses fautes et à s'habiller en pénitent.

Ce fut encore pire quand il fut mort, car ses trois fils se battirent entre eux. Et, après la bataille, ils décidèrent de se partager l'empire de Charlemagne, ce qui fut accompli au traité de Verdun. Tâchez de vous rappeler le nom de ce traité, car c'est de là que datent beaucoup de choses qui sont arrivées par la suite.

Des trois frères, Charles le Chauve eut la France, Louis le Germanique eut l'Allemagne. Quant à Lothaire, qui était l'aîné, il garda le titre d'empereur avec l'Italie. Mais comme sa part était plus petite que celle des autres, on lui donna un long morceau de terre qui découpait la France en remontant des Alpes jusqu'au Rhin et qu'on appela, du nom de Lothaire, La Lotharingie ou Lorraine.

Ainsi la France fut privée de ses provinces de l'Est. Et c'est pour les reprendre ou les garder contre ceux qui prétendaient tenir leurs droits de Lothaire que les Français ont dû se battre pendant plus de mille ans et jusqu'à nos jours. On n'était pourtant pas au bout des malheurs, car Charles le Chauve, devenu roi de France, était aussi incapable que son père. Et comme Charlemagne l'avait pressenti, il ne sut même pas arrêter les pirates qui sillonnaient la mer de leurs barques toujours plus nombreuses et, s'enhardissant, descendaient sur les côtes et remontaient les fleuves pour piller le pays.

Alors les Français, voyant que le roi ne venait pas à leur aide, donnèrent leur confiance à ceux qui se mettaient à leur tête pour résister aux farouches Northmans.

C'est ainsi que Robert le Fort se rendit célèbre. Il était, dit la légende, le fils d'un boucher de Dreux qui s'appelait Capet. Après de nombreux combats où il se conduisit valeureusement, il fut tué en repoussant le brigand Hastings. Mais le souvenir de Robert le Fort vivra, et ses descendants seront les Capétiens, futurs rois de France.

Cependant, un peu partout, dans la désolation générale, il y avait des chefs que chaque province, chaque canton ou chaque ville se donnait pour avoir un protecteur. Au lieu d'un royaume, il en naissait des centaines. C'est ainsi que commença la féodalité.

Quant au roi, il ne comptait plus pour rien. On n'aurait pas cru que c'était le successeur de Charlemagne ! Il était devenu aussi inutile que les rois fainéants. Charles le Gros se déshonora tout à fait quand il abandonna Paris, que les Northmans étaient venus attaquer avec leur capitaine Rollon, un géant si grand, si grand qu'il allait toujours à pied, ne pouvant trouver un cheval assez fort pour le porter.

Paris, qui devait, dans la suite des siècles, subir tant d'autres sièges, résista héroïquement pendant de longs mois. Du haut de leurs murailles, les Parisiens jetaient sur l'ennemi de l'huile bouillante et de la cire fondue, et ils étaient commandés par un vaillant, Eudes, fils de Robert le Fort.

Si Charles le Gros avait voulu, il aurait mis Rollon en fuite. Mais il préféra lui donner de l'argent pour qu'il s'en allât. Les Parisiens furent indignés de cette lâcheté, et tout le monde le fut avec eux, car on priva Charles le Gros de sa couronne, et Eudes fut choisi à sa place pour continuer la guerre contre les Northmans.

Dès ce moment, les Capétiens auraient pu régner sur la France. Mais, comme nous venons de le voir, chaque seigneur était devenu maître chez lui et refusait d'obéir à un supérieur. Chacun se regardait comme un véritable roi sur sa propre terre. Les féodaux aimaient bien mieux des souverains faibles, comme les derniers Carolingiens, qu'un chef énergique. Aussi, quand Eudes fut mort, s'empressèrent-ils de rappeler un prince de la race du Débonnaire et qu'on appelait Charles le Simple, c'est-à-dire le pauvre d'esprit.

Il méritait bien son surnom, car c'est lui qui, au lieu de chasser le pirate Rollon, lui donna un grand et beau pays qui, étant devenu le domaine des Northmans, fut désormais la Normandie. Heureusement il y avait la famille de Robert le Fort, sinon toute la France aurait fini par s'en aller en petits morceaux.

HUGUES CAPET

Les Capétiens avaient trois grandes qualités par lesquelles ils étaient bien français.

D'abord ils étaient braves. Ensuite ils étaient honnêtes et sincères. Enfin leur bravoure et leur loyauté ne les empêchaient pas d'être adroits et patients. Avec ces qualités-là, on fait de grandes choses.

Renonçant pour le moment à être rois, ils se contentèrent d'être ducs de France. Et au lieu de combattre les derniers Carolingiens, ils s'allièrent à eux par des mariages. Et il arriva en l'an 987 (encore une date que vous retiendrez), que le seul descendant de Charlemagne qui pût prétendre au trône de France était un duc de Lorraine, vassal du roi de Germanie. Les Français ne voulurent pas, pour régner sur eux, d'un prince à moitié allemand.

Alors Hugues Capet, descendant de Robert le Fort et d'Eudes, jugea que le moment était venu de devenir roi. Une assemblée se réunit à Senlis sous la présidence d'Adalbéron, archevêque de Reims. Et elle proclama que, par la noblesse du sang et la sagesse de l'esprit, Hugues Capet, duc de France, comte de Paris et d'Orléans, était le plus digne de la couronne.

Cependant il ne fut pas reconnu par un grand nombre des seigneurs, qui se regardaient comme ses égaux et comme indépendants sur leurs terres.

L'un d'eux, le comte de Périgord, ayant levé une armée pour l'attaquer, Hugues lui demanda :

« Qui t'a fait comte ? »

Et l'autre répondit avec arrogance :

« Qui t'a fait roi ? »

Sans doute Hugues Capet était roi de toute la France, c'est-à-dire suzerain de tous les seigneurs. Mais, en réalité, il n'était obéi que sur son propre domaine, qui n'était pas bien grand, puisqu'il comprenait tout juste Paris, Senlis, Orléans et Dreux, et qu'on pouvait en faire le tour à cheval en deux ou trois journées.

C'est pourtant de là que les Capétiens sont partis pour réunir peu à peu toutes les provinces de France. Sans eux, au lieu de former une seule nation, nous en formerions trente-six. Ou bien quelques-uns d'entre nous seraient Anglais, d'autres Allemands, d'autres Italiens ou Espagnols.

Hugues Capet mourut peu d'années après son élection. Mais quarante de ses descendants allaient régner sur la France et la servir, comme Robert le Fort, leur ancêtre, fils du boucher de Dreux.

9

LES SEIGNEURS FEODAUX

Nous allons maintenant revenir un peu en arrière pour comprendre ce qui se passait en France dans ce temps-là, c'est-à-dire depuis que Charlemagne était mort.

Vous imaginez combien les gens devaient être malheureux lorsqu'il n'y avait plus personne pour faire la police et quand, tous les jours, des troupes de brigands et des bandes de Northmans apparaissaient, pillant, volant, tuant, emmenant parfois femmes et enfants en esclavage. On vivait dans une crainte perpétuelle et dans la désolation.

Songez que les Northmans étaient si redoutables qu'on avait fini par leur céder la province qui, de leur nom, devint la Normandie. Alors on se tournait vers les hommes qui avaient du courage et l'habitude de la guerre. On leur demandait secours et protection. C'étaient eux, qui, revêtus d'une armure et sachant manier la lance et l'épée, se mettaient à la tête des plus vigoureux et des plus braves pour défendre le village ou le canton en cas de danger.

C'est pour cela que l'on construisit ces châteaux forts dont certains existent encore aujourd'hui. Ils avaient de grands murs percés d'ouvertures, ou créneaux, d'où l'on pouvait tirer des flèches et jeter de l'huile bouillante sur l'ennemi. Par devant, un fossé profond rempli d'eau, et l'on ne pouvait entrer qu'après avoir abaissé un pont, qui s'appelait pont-levis. Au milieu, se dressait une grande tour ou donjon, d'où l'on surveillait ce qui se passait dans la plaine.

Dès que la trompe de la sentinelle sonnait l'alarme, tout le monde abandonnait les champs ou sa maison et venait se réfugier dans le château fort.

Le seigneur fut donc d'abord un protecteur. On se recommandait à lui. Et, en échange des services qu'il rendait, on lui promettait obéissance. Car, dans le péril, on obéit volontiers à celui qui peut vous sauver la vie, et on lui donnerait volontiers tout ce qu'on possède, même sa liberté.

Mais tous les seigneurs n'étaient pas assez forts pour résister à l'ennemi, et ils se recommandaient à leur tour à de plus puissants qu'eux. C'était leur suzerain, dont ils étaient les vassaux, tandis qu'ils avaient eux-mêmes des vassaux au-dessous d'eux.

C'est ce qu'on appela la féodalité. Représentez-vous le régime féodal comme une grande pyramide au haut de laquelle il y avait le roi.

Seulement le roi n'était pas toujours respecté comme il aurait dû l'être de tous ceux dont il était le suzerain. La plupart des seigneurs se regardaient eux-mêmes comme des rois chez eux. Ils ne voulaient pas reconnaître d'autre autorité que la leur, ni obéir à personne.

Il y avait bien les lois de la chevalerie qui ordonnaient au chevalier d'être doux avec les faibles, de défendre les veuves et les orphelins et de se conduire toujours comme un bon chrétien. Mais le mauvais instinct reprenait trop souvent le dessus. Au lieu de défendre les pauvres gens, certains seigneurs les traitaient durement. Beaucoup se battaient entre eux. Et certains se conduisaient même comme de vrais bandits et sortaient de leur donjon pour rançonner les marchands qui passaient sur les routes.

L'Église intervenait souvent et elle imposait à ces batailleurs la trêve de Dieu. Mais elle-même n'était pas toujours écoutée.

Enfin, comme on avait vécu longtemps dans le désordre, où la force seule comptait, la loi du plus fort avait fini par triompher. Quand on avait un procès, les deux plaideurs devaient se battre en duel, et le perdant était celui qui était touché. C'était ce qu'on appelait le jugement de Dieu.

Vous voyez donc que la féodalité avait de bons côtés et qu'elle avait d'abord été utile. Bientôt on n'en sentit plus que les abus.

En effet, comme il n'y avait plus à craindre les barbares Northmans ou autres, l'autorité du seigneur pesait aux petites gens. Les droits qu'il avait sur eux commençaient à sembler injustes. Et le château féodal, au lieu d'apparaître comme un refuge, semblait la demeure d'un tyran.

Aussi le peuple se tournait-il vers le roi, seigneur des seigneurs et de tous, comme vers le protecteur le plus haut. Et l'on attendait de lui qu'il donnât une bonne justice, qu'il établît la paix et qu'il affranchît les communes.

10

LE PIEUX ROBERT

Mais le roi était encore bien faible lui-même. Nous avons vu que son duché de France, dont Paris était la capitale, était un bien petit royaume et ne comptait pas beaucoup de grandes villes. Même chez lui, le roi n'était pas tout à fait le maître. Il y avait dans son propre domaine des seigneurs qui lui donnaient du tracas, et, quand il allait de Paris à Orléans, il n'était pas sûr que quelque brigand féodal ne l'attaquerait pas en chemin. Quant aux seigneurs qui étaient loin, ils lui rendaient hommage du bout des lèvres, mais ils se considéraient comme ses égaux. Quelquefois même ils le méprisaient, ayant plus de soldats et de richesses que lui.

Vous voyez donc que les Capétiens eurent de tout petits commencements. Ils eurent beaucoup de mal à faire de la France un seul pays et un grand royaume. Ils y arrivèrent avec le temps, parce qu'ils furent travailleurs, patients et justes.

Hugues Capet n'avait pas été reconnu comme roi par tout le monde. Ses successeurs, les premiers Capétiens, furent des princes modestes, qui faisaient très peu parler d'eux. Et l'on aurait bien étonné l'orgueilleux comte de Poitiers ou celui de Toulouse si on leur avait dit qu'un jour le duc de France serait le maître partout. Mais vous comprenez aussi combien les rois eurent de peine et combien il leur fallut de temps pour se faire obéir de tous ces grands seigneurs.

Le fils de Hugues Capet s'appelait Robert. Il était très pieux, et c'était un temps où il y avait une très grande piété. On approchait de l'an 1000, et quelques-uns s'imaginaient que ce devait être la fin du monde. Aussi priaient-ils dans l'attente du dernier jour. Mais l'an 1000 passa, le monde vivait encore. Par reconnaissance envers Dieu, on construisit beaucoup d'églises qui, dit-on alors, couvrirent la France comme d'une blanche parure.

Le bon roi Robert était si dévot, qu'on le comparait à un moine. Il ouvrait sa porte à tous les pauvres. Certains, parfois, se glissaient sous sa table pendant qu'il dînait, et il leur passait les meilleurs morceaux. Un jour, l'un d'eux osa couper un ornement d'or qui pendait à la robe du roi. La reine s'en aperçut et voulut le faire punir. Mais Robert dit :

« Il en avait sans doute plus grand besoin que moi. »

Un autre ayant recommencé, le roi se contenta de lui dire :

« Ne prends pas tout. Il faut qu'il en reste pour tes camarades. »

Les rois de France ne seront pas toujours aussi naïfs. Mais ils seront toujours les défenseurs des humbles qui compteront sur eux. C'est pourquoi les Capétiens choisirent pour emblème trois petites fleurs de lis, tandis que les rois et les empereurs des autres pays mettaient dans leurs armes et sur leurs drapeaux des images d'animaux carnassiers, des aigles, des lions, des licornes et des léopards.

Le fils de Robert s'appelait Henri Ier. Il prit pour femme une Russe, qui descendait de Philippe de Macédoine, le père du fameux Alexandre le Grand, conquérant de l'Asie. La reine Anne donna à son fils le nom de Philippe, que, depuis, plusieurs de nos rois ont porté.

Et c'est justement sous Philippe Ier que les Français s'en allèrent en Asie pour délivrer la Terre Sainte et reconquérir le tombeau du Christ à Jérusalem.

LES CROISADES

Ce fut un grand enthousiasme dans toute l'Europe chrétienne lorsque la croisade contre les Infidèles, c'est-à-dire les Musulmans et les Sarrasins, commença d'être prêchée. En France, un moine, Pierre l'Ermite, demandait à tout le monde de partir. Et aussitôt on se croisait, c'est-à-dire qu'on attachait une croix de drap rouge sur sa poitrine en criant :

Dieu le veut !

Pierre l'Ermite prit la tête des premières troupes avec un pauvre chevalier que l'on appelait, tant il était peu riche, Gautier Sans Avoir. Il y avait là beaucoup de femmes et même d'enfants. Comme la Terre Sainte était très loin, le voyage fut très fatigant, et chaque fois qu'on apercevait une ville, les pauvres petits demandaient :

« Est-ce là Jérusalem ? ».

Mais ils n'arrivèrent jamais à Jérusalem, et tous furent massacrés avant d'avoir vu le tombeau du Christ.
Il fallait une armée véritable. Elle se forma pendant ce temps avec des chevaliers de tous les pays. Beaucoup ne savaient pas le français et ils se contentaient de mettre un doigt en travers de l'autre en forme de croix pour signifier qu'ils venaient prendre part à la guerre sainte.
Leur chef était un Lorrain, le duc Godefroy de Bouillon. Il commandait cent mille hommes à cheval et six cent mille à pied. Cette immense armée parvint à Constantinople, où l'empereur, effrayé, se hâta de leur donner passage en Asie Mineure.
Le chemin était encore long et pénible avant d'arriver à Jérusalem. Il fallut

livrer de sanglantes batailles aux musulmans, prendre des villes d'assaut, traverser des déserts. Souvent on manquait d'eau et de nourriture. Beaucoup de croisés moururent aussi de la peste. Combien tombèrent sur les sables du désert pour ne plus se relever, et rendirent l'âme en regardant la croix sans avoir vu Jérusalem !

Quelques-uns se découragèrent. Ils n'étaient plus que cinquante mille lorsque la ville sainte leur apparut enfin. Ils étaient récompensés de leurs souffrances et de leurs peines.

Et ce fut avec un grand enthousiasme qu'ils s'écrièrent tous :

« Jérusalem ! Jérusalem ! Dieu le veut ! Dieu le veut ! »

Cependant les Sarrasins se tenaient sur les murs, bien résolus à se défendre, et il fallut encore prendre Jérusalem. Comme les murailles étaient très épaisses et très hautes, les croisés construisirent une grande tour roulante à plusieurs étages et garnie de peaux de bête pour la protéger contre les flèches. Sur le sommet de cette machine, ils dressèrent une croix resplendissante d'or à laquelle était attachée une image du Seigneur Jésus, afin de bien dire aux Sarrasins pourquoi les croisés voulaient entrer à Jérusalem.

Les Sarrasins firent tous leurs efforts pour renverser la croix. Ils ne réussirent même pas à l'atteindre ; mais une des pierres qu'ils lançaient vint frapper un chevalier qui se tenait à côté de Godefroy de Bouillon et lui fit jaillir la cervelle. Cependant Godefroy de Bouillon, continuant de tirer lui-même avec son arbalète, criait courage à ses compagnons.

Deux d'entre eux, deux frères, les chevaliers Ludolphe et Engelbert, voyant que l'ennemi commençait à faiblir, tandis que la tour roulante approchait toujours plus près du mur, jetèrent des troncs d'arbre vers le mur, et, sortant du premier étage, passèrent sur le pont étroit et sautèrent sur le rempart, mettant en fuite les Sarrasins qui le gardaient encore. Ludolphe et Engelbert furent les premiers à entrer dans Jérusalem.

Ils furent suivis par Godefroy de Bouillon et son frère Eustache, qui, descendant du haut de la machine, passèrent par le même chemin. Alors les croisés, poussant des cris de joie et de victoire qui, dit un témoin, montaient jusqu'au ciel, dressèrent de tous côtés des échelles le long des murs et entrèrent dans la ville en criant :

Dieu le veut !

Jérusalem était prise, et le tombeau du Christ était délivré. La croisade triomphait. Cependant les Sarrasins étaient nombreux comme les grains de sable du désert. Il fallut encore se battre avec eux et envoyer d'autres croisades. On éleva aussi de grands châteaux forts dont les ruines se voient toujours et que nos soldats ont retrouvés quand ils sont allés en Syrie. Et les Arabes disent que ce sont les tours des Francs, car les Français étaient les plus nombreux parmi les croisés, et, après plus de huit cents ans, les musulmans s'en souviennent encore.

Cependant, Godefroy de Bouillon étant le chef, on lui offrit de devenir roi de Jérusalem. Mais il ne voulut pas porter une couronne d'or à l'endroit où Notre-

Seigneur avait porté une couronne d'épines. Il ne voulut pas non plus du titre de roi et n'accepta que celui de Défenseur du Saint-Sépulcre.

Les croisades sont une des plus belles choses qui aient été faites dans l'histoire. Et elles ont porté le nom français très loin, elles l'ont rendu fameux parmi les autres peuples et jusque chez les infidèles, parce qu'on a su, à partir de ce moment-là, que la France était le pays de la générosité, des grandes idées et de la foi.

GUILLAUME LE CONQUERANT - LES COMMUNES

Le roi Philippe Ier n'était pas allé à la croisade. Il devait rester en France pour garder le royaume. Car il venait de se produire un très grand événement.

Peut-être avez-vous déjà remarqué que, jusqu'ici, la France a eu à se défendre contre divers peuples, venus de l'autre côté du Rhin ou des Pyrénées ou bien arrivés par mer des pays lointains du Nord, et que jamais encore il n'a été question de l'Angleterre ni des Anglais, avec qui il y aura par la suite tant de luttes à soutenir.

C'est que l'Angleterre était alors très peu peuplée et habitée par de pauvres Saxons qui vivaient tant bien que mal dans leurs forêts. Mais tout cela allait changer.

Vous vous rappelez qu'une province française avait été donnée aux Northmans et à leur duc Rollon. Ces Northmans, de même que les Francs de Clovis, étaient devenus en tout semblables aux autres Français ; ils avaient adopté leurs usages, parlaient leur langue et s'appelaient maintenant les Normands, et leur duché la Normandie. De leur ancienne vie de pirates, il leur restait seulement le goût des aventures et des conquêtes.

Il arriva donc que le duc Guillaume, ayant préparé une grande flotte, traversa la Manche avec ses barons, aborda en Angleterre et, après avoir battu les malheureux Saxons, se proclama roi d'Angleterre. Et il fut désormais Guillaume le Conquérant.

Voilà donc le duc de Normandie, vassal du roi de France, devenu roi comme lui. Et le roi d'Angleterre possédait toute une belle région de notre pays avec Rouen, Caen et Bayeux. Il se trouvait installé chez nous. Il faudra de biens longues années et beaucoup de batailles pour que les Anglais prennent le parti de rester dans leur île.

Il s'était passé autre chose encore à la même époque où avait lieu la croisade. C'est que, dans les villes, les artisans, les commerçants, les bourgeois s'étaient enrichis depuis que le bon ordre était revenu et depuis que l'on n'était plus à la merci de tous les pirates et pillards. Alors on ne sentit plus le besoin d'être défendu par les seigneurs. Et l'on commença à trouver qu'on payait trop cher leurs services depuis qu'on n'avait plus besoin d'être protégé.

Alors les artisans, les commerçants et les bourgeois des villes s'unirent entre eux et formèrent des communes pour s'affranchir. Parfois, au cri de : « *Commune ! Commune !* » Ils faisaient des émeutes et même des révolutions contre les seigneurs féodaux en disant que la Commune était l'égale des seigneurs.

Or le roi de France avait justement pour adversaires ces féodaux grands et petits qui bravaient son autorité et qui souvent se conduisaient chez eux à leur guise, affectant même d'ignorer qu'il existât.

Songez qu'en ce temps-là le roi de France n'était pas toujours plus fort que tel brigand féodal posté dans son donjon. Ce fut toute une affaire de prendre le sire de Coucy et de démolir son château. Et tout près de Paris, à Montlhéry, dont la tour s'est vue bien longtemps, il y avait un autre sacripant qui empêchait les premiers Capétiens de dormir. Aussi le roi de France se sentait-il assez l'ami des communes et il allait lutter avec elles contre la féodalité pour achever son royaume. C'est ce qui aida encore plus à unir pour si longtemps le peuple et la royauté. Louis VI, ou Louis le Gros, fit ainsi rude guerre aux seigneurs sur son domaine et démolit beaucoup de leurs châteaux. Et son fils Louis VII continua ce qu'il avait si bien commencé.

Louis VII avait épousé une femme très riche, Éléonore de Guyenne, héritière de deux belles provinces du Midi. Le royaume de France allait être agrandi d'un seul coup jusqu'aux Pyrénées ! Malheureusement, Éléonore était orgueilleuse, elle avait très mauvais caractère, et Louis VII ne s'entendit pas avec elle. Ils se séparèrent, et elle se remaria avec le comte d'Anjou, Henri Plantagenet, ainsi nommé parce qu'il portait toujours une branche de genêt à son chapeau, et qui devint bientôt roi d'Angleterre.

Voilà donc, avec la Normandie, l'Anjou et les domaines d'Éléonore, le roi d'Angleterre plus puissant en France que le roi de France lui-même. Beaucoup de terribles guerres sortirent de là.

13

LA BATAILLE DE BOUVINES

Il vint par bonheur un grand roi, Philippe-Auguste, car beaucoup d'ennemis menaçaient la France.

Il faisait rude guerre aux Anglais qui avaient alors de très méchants rois et il leur reprit autant de provinces qu'il put. Mais tandis qu'il était occupé avec le roi d'Angleterre, l'empereur d'Allemagne pensa que l'occasion était bonne d'entrer en France. Il se flattait de ne faire de Philippe-Auguste qu'une bouchée. Et il avait avec lui une grande armée et beaucoup de seigneurs allemands qui comptaient sur un riche butin. D'avance, ils se partageaient notre pays, s'attribuant chacun un morceau.

Alors Philippe-Auguste convoqua tous ceux qui lui étaient fidèles, chevaliers et bourgeois, nobles et manants. Ils vinrent en grand nombre. Et les communes, reconnaissantes au roi de ce qu'il avait fait pour elles, lui envoyèrent leurs milices.

On marcha au-devant de l'ennemi sans lui donner le temps d'avancer. Et il y avait beaucoup de discipline et d'enthousiasme chez les Français, qui comprenaient que la patrie était en danger et qu'ils cesseraient d'être libres si l'empereur Othon était victorieux.

On rencontra les Allemands et leurs alliés près de Bouvines, où la bataille s'engagea. Philippe-Auguste, avec l'oriflamme de Saint-Denis, était le premier au combat. Et la mêlée était si furieuse, qu'à un moment il fut renversé de son cheval et il aurait été tué si quelques chevaliers et des gens des communes n'étaient venus en grande hâte à son secours.

Il fallut frapper d'estoc et de taille tant les ennemis étaient nombreux. L'évêque de Beauvais lui-même prit part au combat. Et comme un évêque ne pouvait pas verser le sang, il s'empara d'une massue, sorte de gros bâton très lourd, et rompit les membres de tous les Allemands, Flamands et Anglais qu'il rencontra. Il demanda seulement qu'on ne dît pas que c'était lui qui avait fait ce grand abatis. Les Français tapèrent si bien, que l'empereur d'Allemagne, après avoir failli être pris, s'enfuit au triple galop avec les soldats qui lui restaient. Philippe-Auguste, vainqueur, rentra à Paris. Partout sur sa route, les cloches sonnaient et on lui jetait des fleurs. Il était suivi du comte de Flandre, Ferrand, allié de l'empereur Othon et qui avait été fait prisonnier. Et comme Ferrand était enchaîné, on lui criait :

« Ferrand, te voilà ferré ! »

Ce n'était pas la première invasion que la France subissait. Mais, cette fois, le roi de France l'avait repoussée. Plus encore qu'avant, on eut confiance en lui. Car c'était lui maintenant qui protégeait contre les envahisseurs pillards.
A l'abri du péril, Philippe-Auguste gouverna sagement. Le royaume devint prospère. De beaux monuments furent élevés à Paris, entre autres Notre-Dame, où l'on mit la statue du vainqueur de Bouvines. C'est de ce temps-là que datent ces belles cathédrales qui semblent monter vers le ciel comme une prière et qui, dans toutes nos grandes villes, attestent la foi de nos pères.

SAINT-LOUIS

Louis VIII, qui succéda à Philippe-Auguste, reprit encore aux Anglais quelques provinces. Mais il mourut trop jeune, laissant un fils qui avait à peine onze ans.

Ce fils devait être une des plus belles figures de l'histoire, non seulement un grand et bon roi, mais un saint. Car Louis IX est devenu Saint Louis.

Comme il était encore trop petit pour diriger les affaires, sa mère, la reine Blanche de Castille, les conduisit à sa place. Pour la première fois, on vit une femme gouverner la France. Et Blanche de Castille s'y prit si bien, qu'on la cite en exemple.

Il y avait de méchants seigneurs qui, voyant régner une femme et un enfant, se dirent que le moment était venu d'en finir avec les Capétiens qui prétendaient les commander. Mais d'autres seigneurs fidèles et les bourgeois des bonnes villes aidèrent la régente à les punir. Et quand Louis IX fut majeur, il trouva le royaume en ordre.

Ce qu'il aimait le plus, c'était la justice. Aussi était-il juste en tout et avec tous. Mais il n'était pas faible pour cela, car la vraie justice veut aussi que les méchants soient punis.

Comme il aimait la simplicité, Saint Louis, qui résidait souvent dans son château de Vincennes, près de la forêt, avait coutume de s'asseoir sous un chêne. Là tous ceux qui avaient à se plaindre de quelqu'un venaient librement le trouver et lui raconter le tort qu'on leur avait fait. Le roi n'ordonnait pas aux plaideurs de se battre en combat singulier. Il décidait selon ce qui était le droit de chacun. Quant aux voleurs et aux assassins, il n'hésitait pas à les faire pendre. Et depuis on s'est toujours rappelé qu'il n'y avait jamais eu de meilleure justice que celle qui était rendue par le bon roi sous son chêne. Il fut avec les ennemis de la France comme il fut avec les Français. Car il voulait que le bon droit fût du côté du royaume de France. Aussi quand les Anglais l'attaquèrent, il leur fit sentir la vigueur de son poing et il les mit en déroute à Taillebourg. Mais, préférant l'amitié à la violence, il rendit deux provinces au roi d'Angleterre, à condition que celui-ci renonçât au reste et le reconnût comme son suzerain.

Cependant saint Louis, qui avait une piété fervente, avait appris avec douleur que Jérusalem n'était plus aux mains des chrétiens et que, de nouveau, le tombeau du Christ était tombé au pouvoir des infidèles. Aussi, ayant été très malade, fit-il vœu, s'il guérissait, d'aller délivrer la Terre Sainte.

Il partit, comme il l'avait promis, pour cette nouvelle croisade, avec mille huit cents vaisseaux qu'il conduisit en Égypte, dont le sultan était le plus grand ennemi des chrétiens.

Mais une fois les croisés débarqués en Égypte, ils furent attaqués à la fois par les mamelouks et par la peste. Malgré des prodiges de valeur, il fallut se rendre. Et voilà le bon roi, au lieu d'avoir délivré le Saint-Sépulcre, prisonnier du sultan des Égyptiens. Il supporta sa captivité avec tant de résignation, que les musulmans le respectèrent et le laissèrent partir après lui avoir fait payer une rançon.

Il était temps qu'il rentrât en France, car le peuple accusait les grands de le trahir et se soulevait pour aller le délivrer. Et les bergers eux-mêmes voulaient se joindre à cette croisade, qui fut dite pour cela croisade des pastoureaux. Le retour du roi calma ces pauvres gens. Mais on voit comme il était aimé.

Il resta encore quelques années en France, gouvernant avec sagesse et faisant en sorte que tout le monde eût son dû et fût heureux. Pourtant il ne cessait de penser à la Terre Sainte et il entreprit une dernière croisade. Cette fois il voulut battre les infidèles à Tunis. A peine arrivé devant cette ville, il fut atteint de la peste. Sentant que sa dernière heure était venue, il voulut mourir sur un lit de cendres, comme s'il eût eu de grands péchés à expier.

Mais lui seul doutait qu'il dût aller tout droit au ciel. Et quelques années après sa mort, le pape mit Louis IX, roi de France, au nombre des saints.

Saint-Louis rendant la justice

15

PHILIPPE LE BEL

Cependant, en ce temps-là, le roi de France Philippe le Bel trouvait toujours sur son chemin ou bien l'empereur d'Allemagne ou bien le roi d'Angleterre, qui voulaient l'empêcher d'achever son royaume. Car si notre pays était resté ce qu'il était alors, il serait bien petit, puisque de grandes villes comme Bordeaux, Lille, Nancy, Lyon et Marseille n'en feraient pas partie.

Philippe le Bel, le petit-fils de saint Louis, se proposait justement de reprendre les provinces de l'ancienne Gaule. C'est ainsi qu'il conquit la Flandre. Mais les Flamands, qui ne parlaient pas tous français, et qui sont aujourd'hui nos amis les Belges, tenaient à rester indépendants. Comme ils étaient très batailleurs, ils se soulevèrent contre Philippe le Bel. A Courtray, ils jetèrent dans le canal un grand nombre de chevaliers. Désarçonnant les autres, ils les frappaient au défaut de leur armure. Les Flamands, comme signe de leur victoire, emportèrent les éperons des chevaliers français ; de sorte qu'on appela cette journée la journée des Éperons.

Philippe le Bel alla aussitôt punir les Flamands. Dans le même temps, le pape Boniface VIII lui ayant adressé des remontrances, il ne les accepta pas. Et malgré le respect que le pape inspirait à tout le monde, Philippe le Bel envoya à Rome un de ses chevaliers, Guillaume de Nogaret. On trouva le pape sur son trône, la tiare en tête et les clefs de saint Pierre à la main. Un italien allié des Français le frappa, dit-on, de son gantelet et l'aurait tué si Guillaume de Nogaret ne l'en eût empêché en disant que le roi son maître, pour faire sentir sa force au *« chétif pape »*, le prenait sous sa protection. Boniface VIII mourut bientôt, et son successeur vint habiter à Avignon, où le palais des papes existe toujours.

Philippe le Bel n'admettait pas qu'il y eût en France d'autre pouvoir que le sien. Et le peuple, réuni dans l'assemblée des États généraux, l'approuva.

Pour faire la guerre et se défendre contre les ennemis, il fallait de l'obéissance. Il fallait aussi de l'argent. Il y avait alors une société qui en avait beaucoup. C'était celle des Templiers, et les Templiers, qui avaient de très grands domaines, formaient comme un État à part dans le royaume. Philippe le Bel les envoya devant les juges, qui condamnèrent Jacques de Molay, le grand maître du Temple, à être brûlé. Le reste de la société fut dispersé et ses biens saisis. On plaignit beaucoup ces malheureux.

A cause de cela, on a accusé Philippe le Bel d'être dur et méchant. On lui a reproché encore d'avoir fabriqué de la fausse monnaie. En ce temps-là, quand la caisse était vide, le gouvernement n'avait pas la ressource d'imprimer, comme aujourd'hui, des billets de banque. Il mettait dans les pièces de monnaie moins d'or et moins d'argent. Ce qui prouve qu'à toutes les époques on se tire d'affaire comme on peut.

Philippe le Bel avait beaucoup agrandi la France, qui devenait un beau royaume, ce qui rendait le roi d'Angleterre bien envieux. Et, malheureusement, les trois fils de Philippe le Bel, qui régnèrent l'un après l'autre, moururent sans avoir d'enfant, ce qui donna l'idée au roi d'Angleterre de réclamer pour lui la couronne de France.

16

LA GUERRE DE CENT ANS

Depuis Hugues Capet, tous nos rois s'étaient succédés de père en fils. La règle était que les femmes ne régnaient pas, d'après une loi nommée la loi salique. Et quand le roi n'avait pas de fils, la couronne devait passer au plus proche de ses parents.

Ainsi, à la mort de Charles le Bel, son cousin Philippe de Valois fut désigné comme roi. Et les Français le reconnurent comme leur souverain légitime. Mais le roi d'Angleterre, Édouard III, prétendit que la couronne devait lui revenir, parce que sa mère était la fille de Philippe le Bel.

A la vérité, les Anglais trouvaient notre pays plus beau que le leur, et ils voulaient s'en emparer. De là une guerre qui dura cent ans.

Bientôt Édouard entra en France avec une armée bien équipée et qui amenait même avec elle de petits canons, chose qu'on ne connaissait pas encore. Quant aux chevaliers français, ils avaient toujours la même manière de combattre qu'avant et ils ne savaient qu'une chose, qui était de charger l'ennemi. A la bataille de Crécy, ils avancèrent comme à leur ordinaire ; mais les canons des Anglais effrayèrent les chevaux, le désordre se mit dans les rangs et ce fut un grand désastre, malgré la bravoure des nôtres et de notre allié le roi de Bohême, qui, aveugle, se fit conduire au plus fort de la mêlée.

Après sa victoire, Édouard alla assiéger Calais, qui lui était commode pour communiquer avec son île. Lorsque les habitants furent affamés, ils décidèrent de se rendre. Mais le roi d'Angleterre exigea que les clefs de la ville lui fussent apportées par six bourgeois de la ville, pieds nus, en chemise et la corde au cou.

Les habitants de Calais furent bien effrayés et se regardaient en se demandant lesquels seraient choisis. Alors le plus riche d'entre eux, qui s'appelait Eustache de Saint-Pierre, s'offrit le premier, et cinq autres le suivirent volontairement. Et quand ils furent, en chemise comme il était dit, devant le roi Édouard, celui-ci, qui était très cruel, ordonna que la tête leur fût coupée. Mais la reine, qui avait bon cœur, supplia qu'on leur laissât la vie sauve, puisqu'ils avaient été si généreux de venir d'eux-mêmes, ce qui lui fut accordé.

Voilà que la France était envahie par les Anglais, et les malheurs n'étaient pas près de finir. Philippe de Valois étant mort, son fils Jean le Bon fut de nouveau attaqué par le prince de Galles, qu'on appelait le prince Noir. Jean le Bon brûlait de venger la défaite de Crécy. Il rencontra les Anglais à Poitiers ; mais les Français n'avaient rien appris depuis leur désastre. Ils se battirent encore avec tant d'imprudence, que le roi lui-même fut entouré par l'ennemi.

La hache à la main, Jean le Bon abattait autant d'Anglais qu'il pouvait, mais il en venait toujours. Son plus jeune fils, qui était un petit garçon, se tenait à côté de lui et lui criait sans cesse :

« Père, gardez-vous à droite ; père, gardez-vous à gauche. »

A la fin, le roi Jean dut se rendre et il fut emmené prisonnier à Londres.

La fleur de la chevalerie était fauchée. Il n'y avait plus d'armée. Il n'y avait plus de roi. Ce fut une grande douleur et un grand trouble en France. Un méchant homme, Etienne Marcel, prévôt des marchands de Paris, voulut profiter de la grande jeunesse du dauphin Charles pour faire une révolution.

Le dauphin : c'était le titre que portait le fils aîné du roi de France depuis que Philippe de Valois avait réuni le Dauphiné au royaume.

Donc, le dauphin Charles n'avait que vingt ans quand il dut remplacer son père prisonnier des Anglais. Et comme les Parisiens surtout étaient très mécontents de la défaite de Poitiers, Etienne Marcel n'eut pas de peine à les exciter contre le gouvernement. Un jour, ayant pris les armes, ils entrèrent dans l'hôtel du dauphin, le prévôt des marchands à leur tête, et ils égorgèrent deux ministres sous les yeux du dauphin, si près de lui que ses vêtements furent tachés de sang. Ensuite Etienne Marcel l'obligea à mettre à son chapeau les couleurs de Paris, qui étaient le rouge et le bleu.

Nous reverrons des choses tout à fait pareilles pendant la grande Révolution, celle de 1789.

Cependant le dauphin Charles n'oublia pas la leçon. Ayant quitté Paris, il rassembla autour de lui tout ce qu'il y avait de braves gens, tandis qu'Etienne Marcel s'alliait avec un prince si méchant, qu'on l'appelait Charles le Mauvais. Celui-là aussi aurait voulu être roi de France. Le prévôt des marchands était devenu son complice, lorsque les Parisiens découvrirent sa trahison. Quelques-uns d'entre eux, conduits par Jean Maillart, le tuèrent au moment où il s'apprêtait à ouvrir les portes de Paris à Charles le Mauvais.

Ce fut le dauphin Charles qui rentra. Et il ne tarda pas à devenir, le vrai roi, Jean le Bon étant mort. Charles V fut surnommé le Sage, non seulement parce qu'il était en effet sage et prudent, mais aussi parce qu'il était savant et qu'il lisait beaucoup de livres. Il avait vu comment la chevalerie française s'était fait écraser à Crécy et à Poitiers par sa folle bravoure, tandis que les Anglais étaient victorieux à cause de leurs bonnes armes et de leur discipline. Aussi entreprit-il de les chasser de France après avoir rétabli l'ordre, instruit des soldats et construit des vaisseaux.

Il fut aidé par un grand capitaine, le Breton Bertrand du Guesclin. Il y avait en ce temps-là des aventuriers qui, ne cherchant que plaies et bosses, allaient partout, pillant et tuant : c'étaient les *« grandes compagnies »* et elles répandaient la terreur. Du Guesclin se mit à leur tête et les emmena guerroyer en Espagne pour en débarrasser le pays. Ensuite il revint en France et se mit à combattre les Anglais, si rudement et avec tant d'habileté, se gardant de leur offrir la bataille quand ils étaient les plus forts, tombant sur eux dès qu'ils étaient isolés, qu'en peu de temps il les eut presque chassés de France. Quand Charles le Sage mourut, le roi d'Angleterre n'avait plus que Bordeaux, Cherbourg et Calais.

Charles le Sage, pendant tout ce temps, au lieu de s'exposer à être fait prisonnier comme son père, restait dans son château de Vincennes, car il était faible et chétif de corps, mais vigoureux par l'esprit. Entouré d'hommes savants comme lui, il travaillait à bien administrer son royaume et à le rendre riche et prospère afin qu'il fût fort, tandis que Bertrand du Guesclin, Olivier de Clisson et les bons capitaines couraient sus aux Anglais. C'est un des plus grands rois que la France ait eus. Et s'il n'était pas mort trop tôt, les malheurs qui suivirent ne nous fussent pas arrivés.

LA FOLIE DE CHARLES VI

Malheureusement, son fils était encore plus jeune qu'il ne l'était lui-même quand Etienne Marcel avait soulevé les Parisiens.

Charles VI n'avait que douze ans et, en attendant qu'il fût majeur, ses oncles gouvernèrent à sa place.

Ils gouvernèrent d'ailleurs fort mal, n'étant même pas d'accord entre eux, et, de nouveau, le désordre se mit dans le royaume, ce qui n'était une bonne chose que pour les Anglais. Cependant l'on attendait beaucoup du jeune roi et l'on espérait qu'il serait un nouveau Charles le Sage. Hélas ! Ce fut Charles le fou !

Il venait d'être majeur, lorsqu'il entreprit de punir un puissant seigneur qui s'était révolté, puis enfui en Bretagne. Charles VI lui-même voulut l'y poursuivre. Mais, comme il traversait la forêt du Mans, un homme tout habillé de blanc parut sur la route. Il se jeta vers le cheval du roi et le prit par la bride en s'écriant :

« Arrête, noble roi. Ne va pas plus loin. Tu es trahi. »

Charles VI fut frappé par cette étrange apparition. Cependant, un peu plus tard, comme il faisait fort chaud, le page qui portait la lance royale s'endormit tout en chevauchant. Il laissa échapper la lance, qui tomba sur l'armure du voisin. A ce bruit d'armes, Charles VI tressaillit, tira son épée et se jeta comme un furieux sur son escorte, croyant que tous ceux qui l'entouraient étaient des traîtres comme l'avait dit l'homme habillé de blanc. Le roi de France était fou, et jamais plus il ne devait retrouver la raison. Alors commença la plus grande pitié qu'on eût vue depuis longtemps dans notre pays.

La reine Isabeau de Bavière était une méchante femme, qui n'aimait pas la France et qui lui fit tout le mal qu'elle put. Et les Français eux-mêmes se battaient entre eux, au lieu de s'unir contre les Anglais, comme sous Charles V et du Guesclin. D'un côté, il y avait le duc d'Orléans, frère du roi, qui voulait sauver l'héritage de ses neveux. De l'autre côté, il y avait le duc de Bourgogne, Jean sans Peur, qui comptait prendre le trône pour lui. Une nuit, Jean sans Peur fit tuer le duc d'Orléans par des assassins qui s'étaient cachés dans une rue déserte.

Les partisans du duc d'Orléans jurèrent de le venger. Ils avaient à leur tête le duc d'Armagnac, et on les appela les Armagnacs à cause de lui. Les partisans du duc de Bourgogne étaient les Bourguignons. Et les Armagnacs étaient le parti de la France, tandis que les Bourguignons étaient le mauvais parti. Ils avaient avec eux, à Paris, les bouchers et les écorcheurs, qui commirent beaucoup de cruautés.

Comme les Armagnacs et les Bourguignons se battaient sans trêve, le roi d'Angleterre pensa que le moment était bon pour s'emparer de la France. Il y entra avec une armée. Et, comme à Crécy, comme à Poitiers, les chevaliers français allèrent à sa rencontre. Mais, toujours aussi téméraires, ils se lancèrent contre ses archers avec leurs chevaux. Il avait plu, la terre était mouillée et les chevaux s'embourbèrent. Aussi les Anglais firent-ils encore un grand massacre de ces imprudents qui n'imitaient pas l'habile du Guesclin et qui allaient à la bataille comme à une fête.

Le désastre d'Azincourt aurait dû réconcilier les deux partis. Au contraire, ils se déchirèrent avec plus de fureur qu'avant. Les bouchers et les écorcheurs livrèrent Paris aux Bourguignons. Ils égorgèrent un grand nombre d'Armagnacs. Ceux qui purent s'échapper emmenèrent avec eux le dauphin, qui, désormais, erra à travers la France jusqu'au jour où Jeanne d'Arc l'eut fait sacrer roi à Reims. Car ce dauphin devait être Charles VII, qui rétablit par miracle les affaires de notre pays.

Cependant les Armagnacs et les Bourguignons ne s'étaient jamais tant détestés ni tant combattus. Les Armagnacs disaient que Jean sans Peur était un traître qui voulait vendre la France aux Anglais et ils l'assassinèrent au pont de Montereau pour le punir d'avoir fait mourir le duc d'Orléans. Par vengeance, les Bourguignons passèrent tout à fait à l'ennemi. Et le nouveau duc de Bourgogne, avec la reine Isabeau, signa le traité le plus honteux de toute notre histoire.

Retenez encore la date de 1420. Alors le traité de Troyes faillit nous faire tous Anglais, et pour toujours. A la mort de Charles VI, le pauvre roi fou, le roi d'Angleterre Henri V devait devenir roi de France, tandis que, renié par sa mère elle-même, Charles VII et ses descendants ne seraient plus rien.

Et pourtant cela ne fut pas. D'abord parce qu'il y eut beaucoup de Français qui n'acceptèrent pas le traité de Troyes, qui refusèrent d'être Anglais et qui continuèrent à regarder Charles VII comme le seul roi légitime. Et ensuite, sans doute, la Providence ne le permit-elle pas. Car Henri V mourut avant Charles VI. Et, comme le fils de Henri V était un enfant de dix mois, il ne pouvait pas encore régner. Si Charles VII était sacré roi à Reims avant que le petit prince anglais fût majeur, tout était sauvé. Car le seul vrai roi de France était celui qui avait, comme autrefois Clovis, reçu le sacre. Il s'agissait donc, le plus tôt possible, de conduire Charles VII à Reims. C'est alors que Jeanne d'Arc survint.

JEANNE D'ARC

Il y avait en ce temps-là, au village de Domrémy, tout près de la frontière de Lorraine, un pauvre laboureur qui s'appelait Jacques d'Arc et qui avait plusieurs enfants. Sa fille Jeanne était bonne, pieuse et douce. Et elle pleurait quand elle entendait raconter la grande pitié qu'il y avait au royaume de France.

En ce temps-là aussi, le pauvre Charles VII errait à travers ce qui lui restait de son royaume. Il n'avait plus avec lui que quelques fidèles et il possédait si peu d'argent, que c'était grande fête à la cour quand on pouvait rôtir un poulet. Il montait un vilain petit cheval, et sa plus grande ville était Bourges. De sorte que les Anglais le surnommaient le roi de Bourges, pour se moquer de lui.

Cependant ils assiégeaient depuis plusieurs mois la ville d'Orléans, et, s'ils la prenaient, le reste de la France tomberait entre leurs mains. Ce serait encore plus loin que Bourges que Charles VII devrait fuir. Aussi tous ceux qui ne voulaient pas devenir les sujets du roi d'Angleterre faisaient-ils des vœux pour la délivrance d'Orléans.

Jeanne d'Arc priait aussi pour que la ville ne fût pas prise. Et un jour qu'elle était au jardin, elle vit une grande lumière et elle entendit une voix qui lui disait :

« Jeanne, va trouver le roi de France pour lui rendre son royaume. »

Elle trembla de tous ses membres et répondit :

« Messire, je ne suis qu'une pauvre fille, et je ne saurais conduire des hommes d'armes. »

Mais la voix dit encore :

« Sainte Catherine et sainte Marguerite t'assisteront. »

Par la suite, Jeanne vit souvent apparaître les saintes. Et ses voix lui ordonnaient sans cesse de se rendre auprès du roi. Cependant son père ne voulait pas la croire et disait que, plutôt que de la voir partir avec des soldats, il la noierait de ses propres mains.

Elle obtint pourtant de se rendre à Vaucouleurs chez un de ses oncles. Et là, ayant fait le récit de ses apparitions, les gens du bourg la menèrent au seigneur de Baudricourt et le décidèrent à la laisser partir accompagnée de six hommes d'armes. Ils se cotisèrent pour lui acheter un cheval. Elle coupa ses cheveux, prit des habits de garçon, et, malgré le danger des routes infestées de brigands, elle alla à Chinon, où se trouvait Charles VII.

Arrivée là, ce fut une autre affaire d'être reçue par celui qui, n'étant pas sacré, n'était encore que le dauphin. Mais le bruit s'était répandu qu'une fille de Lorraine avait reçu du Ciel mission de délivrer la France, et il fut curieux de la voir. Comme il se tenait parmi ses gens, sans aucun signe auquel on pût le reconnaître, Jeanne alla droit à lui et lui dit :

« Gentil dauphin, pourquoi ne me croyez-vous ? Donnez-moi seulement des soldats. Je lèverai le siège d'Orléans et je vous mènerai sacrer à Reims, car la volonté de Dieu est que les Anglais s'en aillent en leur pays et vous laissent le royaume. »

Charles VII hésita beaucoup. Car il devait sembler bien étrange qu'une jeune paysanne réussît là où tant de braves capitaines avaient échoué. Mais le peuple était convaincu de la mission de Jeanne. Et les affaires du roi de Bourges allaient si mal, que ses conseillers pensèrent qu'il ne risquerait rien à essayer.

Jeanne fit comme elle avait dit. Les soldats avaient confiance en elle. On marcha sur Orléans avec enthousiasme, on attaqua les Anglais, et Jeanne monta la première à l'assaut de leur bastille des Tournelles, d'où ils s'enfuirent en désordre, criant qu'ils avaient à leurs trousses une sorcière envoyée par le diable, tandis que les Français la bénissaient déjà comme une sainte. En quelques jours, Orléans fut délivré.

Alors Jeanne d'Arc revint trouver Charles VII, qui maintenant ne doutait plus d'elle. Et s'agenouillant devant lui, elle le supplia de la suivre sans retard et de venir avec elle à Reims, où il recevrait le sacre et deviendrait, à la honte du petit prince anglais, le véritable roi de France. Et, encore une fois, il fut fait comme elle avait dit. Après la victoire de Patay, la route de Reims fut ouverte, et Charles VII entra dans la cathédrale, où, Clovis, les rois France recevaient le saint chrême. Et, pendant le sacre, Jeanne se tenait auprès de lui avec le drapeau qu'elle portait à la délivrance d'Orléans, car, disait-elle :

« Il avait été à la peine. C'était bien raison qu'il fût à l'honneur. »

Orléans était délivré et le roi sacré, la mission de Jeanne d'Arc n'était pas finie. Elle eût bien voulu retourner à Domrémy chez ses parents. Mais ceux qu'elle avait conduits à la victoire la supplièrent de rester encore, et ses voix la pressaient de chasser les Anglais de Paris. Mais les Parisiens, - on est honteux aujourd'hui de le dire, - étaient pour les Anglais contre la France. Eux aussi ils accusaient Jeanne d'Arc d'être une sorcière. Au lieu de lui ouvrir leurs portes, ils la reçurent à coups de flèches et l'une lui traversa la jambe, tandis qu'elle voulait, comme à Orléans, franchir le premier fossé.

Jeanne fut bien triste de cet échec, mais elle ne perdit pas courage. Elle continua de lutter contre les Anglais pour les bouter, comme elle disait, hors de France. Mais dans un combat près de Compiègne, elle fut renversée de son cheval et prise par un seigneur bourguignon qui la vendit vilainement aux Anglais.

Elle était aux mains de ses cruels ennemis qui lui en voulaient de toutes les victoires qu'elle avait remportées sur eux et qui pensaient n'être en sûreté que quand elle serait morte. Aussi résolurent-ils de la perdre en la faisant juger et condamner comme sorcière et parce qu'elle portait des habits d'homme, n'ayant rien pu trouver d'autre à lui reprocher.

Jeanne d'Arc fut emmenée à Rouen et jugée par l'évêque Cauchon, un ami des Anglais. Il essaya d'embarrasser la jeune fille par des questions difficiles et perfides. Mais Jeanne déjouait ces ruses avec son cœur droit et son bon sens.

« Jeanne, lui disait-on, croyez-vous être en état de grâce ? »

Et elle répondait :

« Si je n'y suis, Dieu veuille m'y mettre ; si j'y suis, Dieu veuille m'y tenir. »

A la fin ce fut elle qui embarrassa ses juges.
Pour se venger, ils la condamnèrent d'abord à rester en prison tout le temps de sa vie.

Mais les Anglais voulaient qu'elle mourût. Une nuit, ils lui enlevèrent ses habits de femme, mirent à la place des habits d'homme qu'il lui était défendu de porter et l'obligèrent à les revêtir. Alors ils dirent qu'elle était retombée dans ses péchés et la ramenèrent devant Cauchon, qui la condamna à être brûlée comme hérétique, relapse et idolâtre.

Les Anglais avait préparé un grand bûcher et ils y mirent le feu quand Jeanne d'Arc y fut montée. Toute brave qu'elle était, elle ne put s'empêcher d'abord de pleurer et de frémir. Mais, à sa demande, on lui apporta une croix qu'elle serrait contre son cœur tandis que les flammes montaient. Et les saintes qui lui étaient apparues à Domrémy vinrent la soutenir, car elle disait dans son supplice :

« Oui, mes voix étaient de Dieu, mes voix ne m'ont pas trompée. »

Puis elle pencha sa tête sur sa poitrine et mourut en criant :

« Jésus ! »

Tous ceux qui étaient là pleuraient, et les Anglais eux-mêmes étaient épouvantés de ce qu'ils avaient fait. Quand Jeanne d'Arc eut rendu le dernier soupir, beaucoup d'entre eux eurent des remords et ils dirent :

« Nous sommes perdus, nous avons brûlé une sainte. »

Plus tard, tout le monde se détourna avec horreur de Pierre Cauchon, dont le nom est encore donné aux mauvais juges comme celui de Ganelon est donné aux traîtres. Le procès de Jeanne d'Arc fut annulé, et elle-même est devenue une sainte de l'Église. Tous les ans, au mois de mai, anniversaire de la délivrance d'Orléans, sa fête est la fête nationale et les fenêtres sont pavoisées en son honneur. Les Anglais eux-mêmes ont un culte pour elle. Jeanne, la bonne Lorraine, que les Anglais brûlèrent à Rouen, est connue du monde entier. Dans aucun autre pays on ne trouve une histoire aussi belle que celle de Jeanne d'Arc. Et cette histoire, personne ne pourra jamais la raconter ni l'entendre sans que les larmes viennent aux yeux.

Jeanne d'Arc délivre Orléans

LOUIS XI

Les Anglais qui avaient dit, après le supplice de Rouen, qu'ils étaient perdus, ne se trompaient pas. Les Français que Jeanne d'Arc avait conduits à la victoire furent saisis de fureur et voulurent la venger. Armagnacs et Bourguignons se réconcilièrent. Bientôt, comme Jeanne d'Arc l'avait dit, les Anglais furent boutés hors du royaume. Toutes les provinces et toutes les villes qu'ils occupaient chez nous furent reprises une à une. Le honteux traité de Troyes fut effacé. Charles VII, le gentil dauphin que Jeanne avait mené au sacre de Reims, était de nouveau le vrai roi de France. Quand il mourut, le roi d'Angleterre ne gardait plus que Calais. La guerre de Cent ans était finie.

Charles VII avait un fils, qui fut d'abord un bien mauvais sujet et qui lui donna bien du souci avant de devenir lui-même un grand prince.

Louis XI était impatient de régner. Il intriguait et conspirait contre son père avec les grands féodaux, qui trouvaient que le roi était redevenu trop puissant. Même, un jour, le futur Louis XI se réfugia chez le duc de Bourgogne, qui était le principal ennemi de son père.

En apprenant cette nouvelle, celui-ci s'écria :

« Le duc de Bourgogne a reçu chez lui un renard qui mangera ses poules. »

Il fut bon prophète, car c'est ce qui arriva bientôt.

Dès que Louis XI fut roi, il voulut être le maître dans son royaume. Les grands féodaux, qui devaient obéir comme les autres, ne furent plus du tout ses amis. Ils se liguèrent contre lui avec le duc de Bourgogne, et il dut les battre à Montlhéry.

Cependant Louis XI n'aimait pas beaucoup les batailles, non qu'il les craignît, mais parce qu'il trouvait qu'elles coûtaient trop cher et qu'il y avait à la guerre trop de hasard. Il préférait agir avec patience, par calcul et par ruse. C'est ainsi qu'il agrandit le royaume que son père lui avait laissé.

Le plus grand adversaire du roi, celui qui lui donnait le plus de mal, c'était toujours le duc de Bourgogne. Et ce duc de Bourgogne, Charles le Téméraire, était ambitieux, violent, avide de conquêtes. Louis XI, au lieu de lui résister en face, essaya de s'entendre avec lui. Il lui proposa d'aller le voir comme un bon cousin pour régler leurs différends, avec la promesse qu'il pourrait repartir librement quand il voudrait. Mais à peine fût-il arrivé à Péronne, que Charles le Téméraire le retint prisonnier.

Louis XI était allé se mettre dans la gueule du loup. Il avait été imprudent, ce qui arrive quelquefois à ceux qui veulent être trop habiles. Il ne lui restait plus qu'à faire bonne figure à mauvais jeu et à se tirer de là comme il pourrait. Aussi fit-il semblant d'être le plus loyal allié du Téméraire, attendant l'occasion de lui jouer un tour de sa façon.

Charles le Téméraire finit par croire en effet que Louis XI était un ami sincère et il lui offrit de lui rendre sa liberté. La condition était que le roi de France donnât la Champagne à son propre frère, lequel complotait contre lui comme lui-même avait conspiré contre Charles VII, car on ne donne pas le mauvais exemple impunément.

Louis XI, pressé de reprendre sa liberté, accepta le marché et signa tout ce que l'autre voulut. Mais il lui déplaisait de céder la Champagne, qui était trop près de Paris et de la Bourgogne, et la province qu'il donna à son frère, ce fut la Guyenne, qui était bien plus loin.

Une fois rentré dans son royaume, Louis XI punit tous ceux qui l'avaient trahi et qui s'étaient entendus à ses dépens avec le duc de Bourgogne. C'étaient tous de grands personnages, comme le cardinal La Balue, qui lui avait conseillé d'aller à Péronne, et, pour le punir, le roi le tint enfermé dix ans dans une cage de fer où il allait le voir quelquefois et lui rappeler pour quelle trahison il l'avait mis là.

Furieux d'avoir été joué, Charles le Téméraire jura qu'il se vengerait et qu'il se ferait couronner roi. Il se mit à la tête d'une armée pour envahir le royaume de France ; mais toutes les villes se fermèrent devant lui, car on redoutait sa tyrannie et sa cruauté. A Beauvais, les bourgeois se défendirent héroïquement. Une femme qui se nommait Jeanne, comme Jeanne d'Arc, encourageait tout le monde en combattant sur les murs, une hache à la main ; aussi l'appela-t-on Jeanne Hachette. Charles le Téméraire dut reculer. Et en vain alla-t-il chercher les Anglais. Louis XI leur promit tant d'argent s'ils consentaient à signer la paix, qu'il leur parut bien plus sage de rester chez eux.

Charles le Téméraire mérita bien son nom. Il voulut conquérir la Lorraine et la Suisse. Mais les montagnards suisses l'arrêtèrent et le battirent. Les Lorrains se révoltèrent, et, comme le Téméraire était retourné à Nancy pour les châtier, ils l'attaquèrent avec tant de vigueur que ses soldats furent mis en déroute et que lui-même fut tué. On retrouva le lendemain son corps abandonné sur la neige.

Louis XI était débarrassé de l'ennemi qui, de nouveau, avait failli détruire et diviser le royaume français. Il passa le reste de son règne à punir les seigneurs féodaux qui, en le trahissant, avaient trahi la France, et plus d'un, par son ordre, alla se balancer au bout de la corde d'un gibet. Il rabaissa les grands, et, toujours sans batailles, par de bons traités, il réunit onze provinces à la France. Il favorisait les bourgeois, dont il s'entourait, de préférence aux nobles. Ses familiers étaient, dit-on, le médecin Coictier et Olivier le Dain. Il vécut ses dernières années enfermé dans son château de Plessis-Lès-Tours, faisant beaucoup d'économies, car il aimait avoir toujours un gros trésor de guerre, et coiffé d'une casquette garnie d'images de plomb, comme les pauvres gens. Quelque temps avant de mourir, il disait :

« Qui ne sait dissimuler ne sait régner. »

Il avait été fourbe et parfois menteur. Mais il laissait la royauté plus forte et la France plus grande.

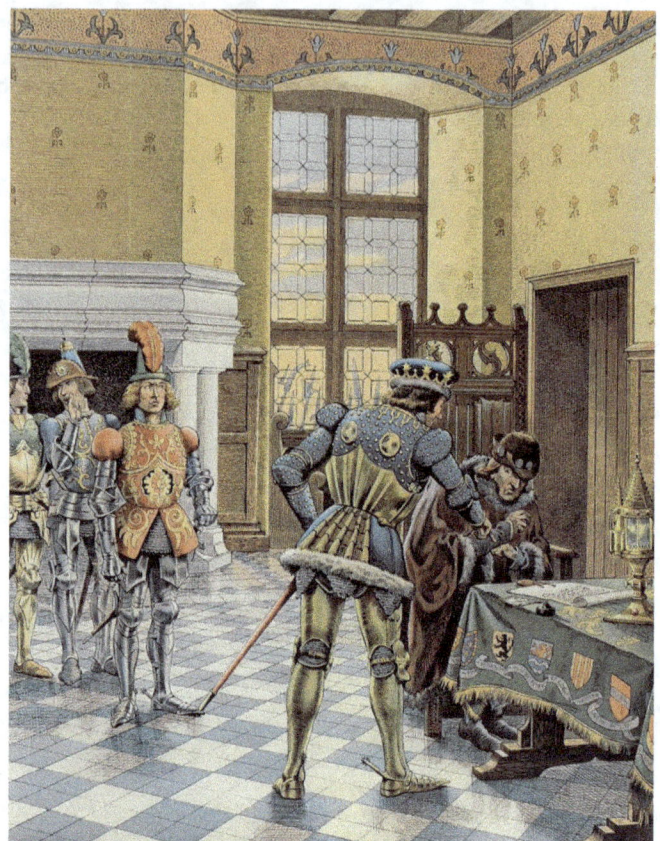
Louis XI

CHARLES VIII - LOUIS XII

A père avare, enfant prodigue. Charles VIII ne ressemblait pas à son père. Il ne rêvait que lointaines chevauchées et actions d'éclat. Et puis, on aurait dit que les Français de ce temps-là avaient, comme lui, besoin d'aventures. Aussi, dès qu'il fut majeur, s'en alla-t-il, comme pour une autre croisade, à la conquête du beau pays d'Italie.

Il fut d'abord très bien reçu par les Italiens et, de victoire en victoire, arriva jusqu'à Naples. Il se voyait déjà empereur d'Orient, battant les Infidèles et délivrant la Terre sainte. Mais voilà que tout à coup les Napolitains et les Napolitaines, qui avaient commencé par le couvrir de fleurs, se révoltèrent contre lui à l'instigation des autres rois qui étaient jaloux de ses succès. Il fallut s'en aller rapidement. Et comme une grosse armée italienne voulait empêcher les Français de passer, Charles VIII, à la tête de ses soldats pourtant bien moins nombreux, chargea les Italiens à Fornoue avec tant d'ardeur qu'ils furent bousculés et qu'ils se souvinrent toujours de la furie française.

Peu de temps après, Charles VIII, étant rentré en France, se cogna la tête si rudement contre une porte au château d'Amboise, qu'il en mourut. Comme il n'avait pas d'enfant, ce fut son cousin Louis d'Orléans qui lui succéda.

Avant d'être roi, Louis XII avait été fort remuant. Il s'était mis à la tête des seigneurs féodaux qui essayaient, à chaque changement de règne, de se débarrasser de l'autorité royale et il avait été sévèrement puni. Devenu roi, il n'en voulut pas à ceux qui l'avaient mis en prison.

Il les garda à son service et dit ce mot qui est resté fameux :

« Le roi de France ne venge pas les injures du duc d'Orléans. »

Louis XII est un des meilleurs rois que la France ait eus. Aussi était-il appelé le Père du peuple. Sous son règne, tout le monde fut heureux et le bénit.

Il continua les guerres d'Italie parce qu'elles étaient commencées et parce que d'autres, l'empereur d'Allemagne surtout, voulaient s'y installer à notre place. Il y eut là encore de beaux faits d'armes. Un général que vous connaissez bien s'y rendit célèbre.

C'était M. de la Palice, celui qui, un quart d'heure avant sa mort, était encore en vie.

21

FRANÇOIS IER - CHARLES-QUINT

Le roi qui vint ensuite s'appelait François Ier.
    Il était beau, brave, noble de manières, le roi des gentilshommes et un gentilhomme roi. Il avait l'amour de la gloire et de la grandeur, et il voulait que la France fût la première en tout, à la guerre comme dans les arts.

Comme nos affaires allaient mal en Italie, il voulut tout de suite frapper un grand coup. Il réunit une belle armée où brillait la fleur de la chevalerie française avec Bayard, l'illustre Chevalier sans peur et sans reproche. On passa hardiment les montagnes, par des chemins presque inaccessibles, et l'on allait tomber à l'improviste sur la Lombardie, lorsque les Suisses barrèrent le passage.

Les Suisses, qui avaient vaincu Charles le Téméraire, étaient de terribles soldats. On se battit avec eux tout un jour. Quand la nuit vint, on ne savait encore à qui serait la victoire. Tout le monde coucha sur le champ de bataille, et le roi lui-même dormit sur l'affût d'un canon. La lutte reprit au lever du soleil. Les Suisses se replièrent. La victoire de Marignan était gagnée, et François Ier se fit armer chevalier par Bayard. Après cela, il fit sa paix avec les Suisses, et jamais, depuis, nous n'avons plus été en guerre avec eux.

Il advint peu après que l'empereur d'Allemagne mourut. Et les empereurs d'Allemagne ne se succédaient pas de père en fils, comme les rois de France. Ils étaient élus comme aujourd'hui de simples députés. Le vainqueur de Marignan fut candidat, espérant enlever la couronne impériale à un prince qu'il avait des raisons de redouter, car ce Charles-Quint était le petit-fils de Charles le Téméraire, et il avait déjà beaucoup trop de royaumes en Europe, sans compter l'Amérique, que Christophe Colomb venait de découvrir.

Cependant Charles-Quint fut élu et devint empereur. Et il fut un ennemi redoutable pour la France. Il faudra le combattre pendant de longues années.

François Ier vit le danger. Il s'inquiéta tout de suite de savoir si le roi d'Angleterre Henri VIII n'allait pas s'allier contre lui avec Charles-Quint. Pour devenir son ami, il lui donna une grande fête au camp du Drap d'Or, ainsi nommé tant les belles étoffes, les riches cavalcades et les festins y furent à profusion. Mais Henri VIII fut jaloux que François Ier se montrât plus magnifique et plus généreux que lui, et il se tourna du côté de Charles-Quint.

Alors commença une des plus terribles attaques que la France eût subies depuis longtemps. Au nord, au sud, il fallut faire front de tous les côtés. Le chevalier Bayard fit des prodiges de valeur ; mais il fut frappé à mort dans un combat et voulut rendre le dernier soupir le visage tourné vers l'ennemi.

Quant à François Ier, il payait de sa personne. Les soldats de Charles-Quint, les Impériaux, ayant envahi la Provence, il marcha contre eux, les repoussa et les poursuivit jusqu'en Italie. Là, une grande bataille s'engagea, à Pavie, et nous fut d'abord favorable. Mais François Ier crut la victoire trop vite gagnée. Il s'élança en avant, avec tant d'impétuosité que nos canons durent se taire, de peur de l'atteindre. Bientôt, isolé au milieu de la mêlée, ses meilleurs chevaliers étant tombés autour de lui, il dut se rendre. Le soir du désastre de Pavie, il écrivit à sa mère :

« Tout est perdu, fors l'honneur. »

Comme autrefois Jean le Bon, le roi de France était prisonnier. Charles-Quint le garda longtemps et ne le relâcha que contre la promesse de lui donner la Bourgogne. Mais les Bourguignons voulurent rester Français, et une assemblée déclara que cette promesse, arrachée par la force, était nulle, car, du reste, aucune province du royaume ne pouvait être cédée à un souverain étranger.

François Ier, à qui la leçon avait servi, ne pensa plus qu'à mettre la France à l'abri d'un ennemi aussi redoutable. Il se garda de provoquer Charles-Quint. Il le reçut même très aimablement et lui donna des fêtes aussi belles qu'au camp du Drap d'Or. Mais, en secret, il lui suscitait des ennemis et lui créait des embarras. Pour protéger son pays, il ne craignit pas de s'allier aux Turcs infidèles et aux princes protestants d'Allemagne. Car le protestantisme, ou, comme on disait, la Réforme, qui allait faire couler tant de sang en France, avait déjà gagné une partie des Allemands.

Grâce à ces alliances, la France put résister à de nouvelles attaques de Charles-Quint. Malgré tous leurs efforts, les Impériaux ne purent jamais arriver jusqu'à Paris. Charles-Quint, découragé, signa la paix. Lorsque le roi gentilhomme mourut, il put se dire qu'il laissait la France intacte et que, malgré sa puissance, l'empereur allemand n'avait pu en venir à bout.

François I est armé chevalier

HENRI II

Avec Charles-Quint, il pouvait y avoir une trêve, mais point de vraie paix. Le fils de François Ier, Henri II, ne tarda pas à s'apercevoir que l'orgueilleux empereur ne renonçait pas à démembrer la France. Mais Henri II eut auprès de lui un bon conseiller, le duc de Guise, prince lorrain, qui lui dit :

> « Sire, n'allez pas perdre votre temps et vos peines en Italie. Si vous voulez mettre votre royaume hors d'atteinte, agrandissez-le du côté du Rhin. Il y a là des villes qui sont françaises de cœur et qui vous recevront avec joie. »

Le duc de Guise disait vrai. Dès que les soldats du roi parurent, Metz, Toul et Verdun leur ouvrirent leurs portes, car ces trois cités n'avaient été séparées de la France, comme vous vous en souvenez peut-être, que par hasard, quand les héritiers de Charlemagne s'étaient partagés son empire.

Charles-Quint entra dans une grande colère en voyant que le roi de France avait avancé vers le Rhin jusqu'à y faire boire ses chevaux. Il jura de reprendre Metz. Mais le duc de Guise s'y jeta, non moins résolu à défendre la ville jusqu'à la mort. En vain l'empereur fit tirer sur elle quatorze mille coups de canon. En vain lança-t-il ses meilleures troupes à l'assaut. Metz résista héroïquement, disant qu'elle ne voulait pas d'un vieux goutteux comme lui. Charles-Quint dut lever le siège. Et, cette fois, il renonçait pour de bon à venir à bout de la France. Il abdiqua, se retira dans une petite maison près d'un monastère et, comme s'il eût été déjà mort, fit dire une messe et assista à ses propres funérailles.

Son fils Philippe II ne fut pas plus heureux que lui. A son tour il attaqua Henri II et fut encore repoussé.

La France avait décidément échappé à son ennemi le plus redoutable. Alors le duc de Guise fit une action audacieuse. Il avait sauvé Metz. Il entreprit de délivrer

Calais, qui, depuis la guerre de Cent ans, restait à l'Angleterre. En huit jours la place tomba entre ses mains. A Londres, la reine Marie en mourut de douleur.

« Si l'on ouvrait mon cœur, disait-elle, on y lirait le nom de Calais. »

Henri II est encore un roi qui a laissé la France plus grande qu'il ne l'avait reçue.
Par malheur pour lui, il aimait trop les joutes et les tournois à la manière des anciens chevaliers. Il y était très adroit. Un jour qu'il s'était amusé à ces jeux, il voulut rompre encore une lance avec son capitaine des gardes, Montgomery. Les deux combattants s'élancèrent au galop l'un contre l'autre. Mais la lance de Montgomery se brisa sur le casque du roi et entra dans l'œil. Henri II mourut quelques jours plus tard.
Il ne laissait que de très jeunes fils dans un royaume agrandi et prospère, mais qu'allait ensanglanter une guerre civile plus terrible encore que celle des Armagnacs et des Bourguignons.

23

LES GUERRES DE RELIGION

Jusqu'alors il n'y avait eu qu'une seule religion. Ce fut une grande nouveauté lorsque des Français devinrent protestants à la suite de Calvin, d'où le nom de Calvinistes. On n'y fit pas grande attention d'abord. Mais bientôt, entre catholiques et protestants ou, comme on disait, huguenots, il y eut de grandes querelles, si violentes qu'à la fin la France fut partagée en deux camps qui se firent la guerre, et il coula des flots de sang.

Le chef des catholiques était le duc de Guise, celui qui avait sauvé Metz et délivré Calais. Le chef des protestants était l'amiral Coligny, qui avait défendu Saint-Quentin contre les Impériaux.

Les fils de Henri II, qui régnèrent l'un après l'autre, n'étaient presque rien auprès de ces deux hommes, dont chacun avait presque la moitié de la France derrière lui. Ces trois rois, tous jeunes et faibles, avaient autant à craindre des Guise que de Coligny, et ils redoutaient autant la victoire de l'un que celle de l'autre.

François II n'a guère laissé d'autre souvenir que celui d'avoir eu pour femme Marie Stuart, célèbre par sa beauté. Devenue veuve et repartant pour son pays, l'Ecosse, elle resta longtemps à bord de son vaisseau à regarder le rivage qui s'éloignait en répétant :

« Adieu, chère France ! Je ne te reverrai jamais. »

Plus tard elle devait être condamnée à mort par sa cousine, la cruelle Élisabeth, reine d'Angleterre.

Le frère de François II, qui lui succéda, s'appelait Charles IX. Comme il n'était pas majeur, sa mère, Catherine de Médicis, prit la régence et elle essaya, comme elle put, de tenir la balance égale entre les catholiques et les protestants. Mais les deux partis étaient trop enragés l'un contre l'autre, et chacun se plaignait comme d'une injure de ce qu'on accordait à son rival. Ils se mirent bientôt à se battre sans qu'il fût possible de dire qui avait commencé.

Un jour, le duc de Guise fut tué d'un coup d'arquebuse par un protestant fanatique. Ce crime engendra ce que les Corses appellent une vendetta, c'est-à-dire une série de vengeances qui allumaient des haines sans fin.

Charles IX, devenu majeur, se trouva donc bien embarrassé. Il n'avait pas d'antipathie pour les protestants, car sa nourrice avait même été huguenote. Il les favorisa plutôt, et il y en avait un grand nombre à sa cour, ce qui irrita fort les catholiques, que commandait Henri de Guise, le Balafré, fils de celui qui avait été assassiné. Ils intimidèrent le roi au point de le décider à profiter de la présence à Paris de tant de protestants pour les massacrer tous. C'est ce qui eut lieu dans la terrible nuit de la Saint-Barthélemy, où il en fut égorgé plus de deux mille, leur maison ayant été d'avance marquée d'une croix blanche. L'amiral de Coligny fut frappé l'un des premiers. Il fut tué dès que le tocsin sonna, et son corps jeté par la fenêtre aux pieds du duc de Guise.

Charles IX mourut deux ans plus tard, rongé, dit-on, par le remords que lui avait laissé la nuit sanglante de la Saint-Barthélemy.

Et il avait encore un frère, qui fut Henri III.

Cependant Henri III n'avait pas d'enfant et ne devait pas en avoir. A qui, après lui, passerait la couronne ? A un cousin éloigné, descendant de saint Louis, Henri de Bourbon, roi de Navarre, le futur Henri IV. Mais ce prince était protestant. A l'idée qu'un prince protestant pût devenir roi de France, les catholiques se révoltèrent et ils formèrent une Ligue, dont le duc de Guise fut le chef, et qui ne devait pas désarmer tant que Henri IV ne se serait pas converti à la religion catholique.

Cependant Henri III ne céda pas et continua à soutenir que, selon la loi salique, toujours suivie dans le royaume, son héritier devait être son plus proche parent, son cousin Henri de Bourbon. Alors commença une autre guerre civile, celle de la Ligue catholique contre le roi de France, qui fut chassé de Paris après la Journée des Barricades. Henri III, voyant que le duc de Guise devenait plus puissant que lui, résolut de le faire tuer. « *Il n'oserait* » dit Guise, qui se croyait au-dessus de toute atteinte. Pourtant il tomba, au château de Blois, percé de coups de poignards. Le roi de France avait fait tuer le *« roi de Paris »*.

« Ce n'est pas tout de tailler, mon fils, il faut recoudre » dit alors Catherine de Médicis. Et elle avait raison, car la Ligue fut plus que jamais ennemie de Henri III, au point de vouloir nommer un autre roi à sa place. Accompagné du roi de Navarre, il assiégea Paris. Il était à Saint-Cloud la veille du jour où il devait donner l'assaut, lorsqu'un moine ligueur, Jacques Clément, parvint jusqu'à lui et le poignarda. Le dernier des Valois avait disparu.

En mourant, Henri III dit encore que, protestant ou non, son seul et véritable héritier était le roi de Navarre, Henri IV.

24

HENRI IV

Henri de Bourbon était bien roi, mais toute une partie de la France ne le reconnaissait pas et se fût fait hacher plutôt que d'accepter un roi protestant. Il fallut donc que Henri IV conquît son trône, et il fut dans la cruelle nécessité de commencer son règne en faisant la guerre à des Français. Heureusement, il avait deux qualités qui ont toujours plu à la France : le courage et la bonne humeur. C'est ce qui l'a rendu le plus populaire de nos rois, alors qu'au commencement on ne voulait pas de lui.

Les gens de la Ligue comptaient bien se battre car c'est à peine si, à ce moment, un Français sur six était pour le roi, et ses troupes n'étaient pas bien nombreuses. Mais il les réconfortait par sa vaillance, et, même dans les pires circonstances, il avait le mot pour rire. Après la victoire d'Arqués, il écrivait à son ami Grillon :

« Pends-toi, brave Grillon. Nous nous sommes battus et tu n'y étais pas. »

A Ivry, il se trouva devant une armée de ligueurs plus nombreuse et mieux équipée que la sienne.
Alors il dit à ses soldats :

« Gardez bien vos rangs. Et si vous perdez enseignes, cornettes ou guidons, ce panache blanc que vous voyez en mon armet vous en servira, tant que j'aurai goutte de sang. Suivez-le. Si vous le voyez reculer, je vous permets de fuir. »

Et la victoire fut encore à Henri IV.
Alors il alla, comme Henri III, assiéger Paris, où les ligueurs étaient plus furieux que jamais et résistèrent comme des forcenés, quoique bientôt ils n'eussent plus rien à manger. Compatissant, Henri IV laissait parfois passer des vivres pour

les Parisiens, car il ne leur en voulait pas. Il savait aussi que les partisans de la Ligue étaient divisés et que les uns voulaient mettre sur le trône un étranger, l'Espagnol Philippe II, ce que les autres repoussaient avec horreur. Mais l'entêtement de Paris prouvait à Henri IV qu'il ne pourrait être vraiment roi de France tant qu'il serait protestant. Il comprit que presque tous les catholiques, fatigués de la guerre civile, se rallieraient à son panache blanc s'il abjurait la religion réformée. C'est ce qu'il se décida à faire, et l'on raconte qu'il prononça alors le mot fameux ; « *Paris vaut bien une messe.* » S'il ne l'a pas dit, le subtil Béarnais était bien capable de le penser.

Une fois qu'il fut devenu catholique, Paris ne tarda pas à lui ouvrir ses portes, et l'on cria sur son passage :

« Vive la paix ! Vive le roi ! »

Alors il fut vraiment le roi et il donna la paix.

Il y avait beaucoup à faire dans le royaume. De longues années de guerre civile avaient tout dévasté. On était pauvre, et le roi lui-même disait que ses pourpoints étaient percés au coude. Henri IV voulut que la France redevînt riche et dit qu'il ne serait content que quand tout le monde pourrait mettre la poule au pot tous les dimanches. Il y travailla avec son ministre Sully, celui qui disait que labourage et pâturage sont les deux mamelles de la France. Et bientôt, en effet, la France redevint si riche, qu'on n'eût pas dit que naguère elle était couverte de ruines.

Il restait aussi à réconcilier les catholiques et les protestants, ou du moins à les faire vivre en paix les uns à côté des autres. C'est ce qu'il obtint par l'Édit de Nantes. Aucun des deux partis n'en fut d'ailleurs tout à fait content, mais ils évitèrent de se battre.

La France fut reconnaissante à Henri IV de lui avoir rendu la tranquillité et la prospérité. Elle a retenu ses bons mots et son juron familier, qui était : « *Ventre-saint-gris !* » Elle n'a jamais oublié ce « *roi vaillant* », qui, comme le dit la chanson, eut « *le triple talent, de boire et de se battre, et d'être un vert-galant* ».

Il s'apprêtait à faire encore de grandes choses, lorsque, par un immense malheur, il fut assassiné. Un jour qu'il sortait du Louvre pour aller voir son ami Sully, son carrosse fut arrêté rue de la Ferronnerie par un embarras de voitures. Un fanatique, Ravaillac, qui avait depuis longtemps le dessein de le tuer, l'avait suivi. Il monta sur une borne et, avec un grand couteau qu'il avait affilé lui-même, il frappa le roi au cœur.

Ravaillac fut condamné à être écartelé. Et le peuple de Paris, se mettant à la place des chevaux, tira lui-même les cordes qui rompirent les membres de l'assassin. Son corps fut ensuite brûlé, et les cendres jetées au vent.

Henri IV à la bataille d'Ivry

25

LOUIS XIII - RICHELIEU

Henri IV était mort trop tôt, car son fils, Louis XIII, n'avait que neuf ans. Et il n'y avait pas assez longtemps que l'ordre était rétabli dans le royaume pour que tout le monde consentît à obéir à la régente Marie de Médicis et à son petit garçon.

Aussi, comme il était arrivé déjà tant de fois, les seigneurs féodaux se révoltèrent contre le pouvoir royal. Et les protestants, de leur côté, trouvant que l'Édit de Nantes ne leur accordait pas assez, étaient tout près de former une espèce de République, ou, comme on disait alors, un État dans l'État. Il s'en fallut de peu qu'on ne retombât dans les guerres de religion.

Heureusement Louis XIII rencontra un grand ministre, le cardinal de Richelieu. Et il le garda toujours auprès de lui, malgré les jaloux et les envieux qui essayaient de lui faire croire que le cardinal était plus puissant que le roi.

Richelieu ne voulait que la grandeur de la France, et c'est pourquoi Louis XIII ne consentit jamais à se séparer de lui. Pour que la France fût grande, il ne fallait plus que personne fût indiscipliné. Il n'hésita pas à faire couper la tête aux nobles qui conspiraient. Il envoya même à l'échafaud de jeunes gentilshommes qui, malgré la défense du roi, persistaient à se battre en duel. C'était la mode du temps et, pour un oui, pour un non, on se donnait de beaux coups d'épée, qui, pensait Richelieu, eussent été mieux employés ailleurs. Deux duellistes furent ainsi décapités, quoiqu'ils fussent de très bonne famille. Richelieu et Louis XIII, pour l'exemple, refusèrent de leur faire grâce, et cette mode meurtrière cessa.

Quant aux protestants, pour les ramener à l'obéissance, il fallut une vraie guerre. Leur place la plus forte était la Rochelle, d'où ils recevaient par mer du secours des Anglais. Richelieu alla assiéger La Rochelle et, pour empêcher les navires anglais d'approcher, il fit boucher le port par une digue géante qui demanda de longs mois de travail. La Rochelle dut se rendre, et les protestants se soumirent dans le reste du royaume.

Il était temps, car la France allait courir de nouveau le danger auquel elle avait échappé par la défaite de Charles-Quint. L'empereur germanique redevenait trop puissant et bientôt il serait le maître de tous les pays qui nous entouraient, ayant battu tour à tour ceux qui s'opposaient à sa domination. Richelieu entra dans la lutte à son heure. L'empereur, ayant vaincu les Danois puis les Suédois, croyait écraser sans peine les princes allemands réformés, lorsque la France vint au secours de ceux-ci. Preuve que si Richelieu avait combattu les protestants en France, ce n'était pas à cause de leur religion, mais parce qu'ils s'étaient révoltés.

L'empereur d'Allemagne sortait de la maison d'Autriche comme Charles-Quint, et tout le monde en France comprit que la lutte qu'entreprenait Richelieu était une grande lutte nationale. Le danger fut bien senti le jour où les Espagnols arrivèrent jusqu'en Picardie. Mais nos généraux repoussèrent peu à peu l'ennemi jusqu'au milieu de l'Allemagne.

Du reste, le cardinal n'avait pas recours seulement à la guerre, mais aussi à l'adresse. Aidé de son confident, le Père Joseph, qu'on appelait son Éminence grise, il joua tous les mauvais tours qu'il put. Un jour l'empereur en colère finit par s'écrier :

« Un pauvre capucin a mis dans son capuchon six bonnets d'Électeurs ! »

Quand Richelieu mourut, la maison d'Autriche était bien près d'être vaincue. Le cardinal avait tenu la promesse qu'il avait faite à Louis XIII, celle de défendre la France et de la rapprocher des anciennes limites de la Gaule, ce qu'il appelait : *« notre pré-carré »*. A son lit de mort, Richelieu répondit à son confesseur qui lui demandait s'il pardonnait à ses ennemis :

« Je n'en ai jamais eu d'autres que ceux de l'État. »

Louis XIII mourut six mois après son ministre, le plus grand peut-être que la France ait eu. On eût dit que tous deux étaient inséparables.

26

MAZARIN ET LA FRONDE

Cette fois encore, le roi était un enfant. Mais cet enfant devait être le grand roi Louis XIV. Et sa mère Anne d'Autriche devint régente. Et, comme sous toutes les régences, il y eut des troubles dans le royaume.

Il y avait alors un ministre que Richelieu lui-même avait recommandé à Louis XIII. Mazarin était aussi cardinal et il était Italien de naissance. Il avait même gardé l'accent de son pays et il prononçait les u comme des ou et les j comme des z. Ce qui ne l'empêchait pas d'avoir le cœur français et de travailler au bien de la France. On peut seulement lui reprocher d'avoir trop aimé l'argent et les richesses.

Mazarin continua la lutte contre l'empereur allemand. Et il fut aidé par deux grands généraux. L'un s'appelait Condé et l'autre Turenne. Condé, à vingt-deux ans, battit à Rocroy la redoutable infanterie espagnole. Turenne entra victorieusement jusqu'en Allemagne et fit trembler l'empereur, qui finit par signer la paix. Cette paix de Westphalie est la plus glorieuse et la meilleure que la France ait signée, parce que, pendant cent cinquante ans, elle a mis notre pays à l'abri des invasions allemandes.

Mais les Français n'en tinrent pas compte à Mazarin. Ils lui reprochaient d'être étranger. Ils lui en voulaient de faire payer des impôts. Et, un jour, une révolte éclata à Paris.

Cette révolte s'appela la Fronde, du nom que portait le jeu favori des petits garçons d'alors, et l'on dit depuis frondes et frondeurs. Pourtant la Fronde ne fut pas tout à fait un jeu d'enfants. On s'y amusa sans doute à faire des mazarinades, c'est-à-dire des écrits injurieux et des chansons contre le premier ministre :

> *Un vent de fronde*
> *S'est levé ce matin.*
> *Je crois qu'il gronde*
> *Contre le Mazarin.*

Mais cette révolte faillit devenir une révolution. Le Parlement s'en mêla. Des barricades furent élevées dans les rues. Un jour, le bruit ayant couru que la régente allait s'échapper, des insurgés vinrent s'assurer que son fils était toujours là. Le petit roi les vit penchés sur son lit et le dévisageant à la lueur des torches. Louis XIV se souviendra toujours de cette nuit-là, comme il se souviendra d'avoir couché dans des draps troués et même sur la paille, à Saint-Germain, lorsque la régente dut fuir Paris.

On se battit encore entre Français, mais dans un tel désordre et avec une telle légèreté, que Condé et Turenne eux-mêmes furent un moment du côté des rebelles. Et ces rebelles n'étaient pas seulement des hommes du peuple, des bourgeois et des juges du Parlement ; c'étaient aussi des princes et des princesses, des grands seigneurs et des grandes dames. Le duc de Beaufort se faisait appeler le roi des Halles. Au combat du faubourg Saint-Antoine, la Grande Mademoiselle, cousine du roi, tira elle-même le canon sur l'armée royale. On jouait à la fronde comme on aurait joué au ballon.

Bientôt les bourgeois se lassèrent de payer les frais du jeu, qu'ils trouvaient de moins en moins amusant. Mazarin, qui avait cru prudent de s'éclipser, revint à Paris. Malgré les mazarinades, il n'avait pas mal travaillé pour la France, puisqu'il avait terminé la guerre avec l'Espagne et signé la paix des Pyrénées, aussi bonne que la paix de Westphalie.

Bientôt Mazarin mourut. Alors Louis XIV devint vraiment roi et un grand roi.

LOUIS XIV - LE ROI SOLEIL

Lorsque, très jeune encore, Louis XIV était rentré à Paris, après la Fronde, il était un jour apparu en costume de chasse et un fouet à la main dans la salle des séances du Parlement, et, là, il avait dit aux magistrats qu'il entendait être obéi. Peut-être n'a-t-il pas prononcé le mot célèbre :

« L'État, c'est moi. »

Mais il l'a pensé.

On sut qu'à l'avenir il y aurait quelqu'un pour commander. Et la France en fut très contente, car elle avait beaucoup souffert des méfaits des frondeurs et elle ne tenait pas à recommencer. C'est pourquoi Louis XIV a eu tant d'admirateurs. Et les grands écrivains de son siècle, La Fontaine, Racine, Boileau, Molière, ont tous fait son éloge.

Louis XIV ne voulait pas non plus que personne fût plus puissant que le roi. Avec lui, les grands seigneurs n'osèrent plus bouger, et, au lieu de se révolter, vinrent lui faire leur cour. A partir de ce moment-là, on n'entendit plus parler des féodaux.

Et Louis XIV ne voulait pas davantage que des financiers devinssent trop riches aux dépens du pays. Il y en avait un qui avait gagné tant d'argent, qu'il en avait plus que le roi lui-même. Et Fouquet était si fier qu'il se croyait au-dessus du roi, si orgueilleux qu'il avait pris pour devise :

« Où ne monterai-je pas ? »

Un jour, il donna dans son château de Vaux une fête si magnifique, que c'était lui qui semblait être le premier en France. Louis XIV, qu'il avait invité comme pour l'humilier, jura « *qu'il ferait rendre gorge à ces gens-là* ». Quelques jours après la fête de Vaux, Fouquet fut arrêté et condamné à la prison perpétuelle.

Ce fut une leçon donnée aux vaniteux, et tout le monde se tint pour dit qu'il n'y avait qu'un maître en France.

Louis XIV voulut que son règne fût le plus brillant qu'on eût encore vu. Il y réussit, car on parle encore du siècle de Louis XIV comme de celui où, en toutes choses, la France fut à la tête des nations. Il n'y eut jamais tant d'écrivains célèbres. Les livres qu'ils ont écrits sont restés comme des modèles, et ce sont encore ceux qu'on fait lire dans les classes et où les Français apprennent à bien parler leur langue. Pour bien montrer la grandeur de son règne, Louis XIV voulut avoir son palais à lui. Délaissant le Louvre, que ses prédécesseurs avaient habité, il construisit le château de Versailles. Et son ministre Colbert, qui était économe, lui reprochait souvent cette grande dépense.

Colbert était fils d'un drapier de Reims dont la boutique avait pour enseigne : AU LONG VETU. C'était un bourgeois, comme beaucoup de ministres de la Monarchie. Tandis que le roi mettait de l'ordre dans le royaume, il en mettait, lui, dans les finances. C'est pourquoi Versailles lui arrachait tant de soupirs. Le roi le laissait soupirer. Aujourd'hui le château de Versailles est un des ornements de la France, et l'on vient de très loin, d'Amérique même, pour le voir et pour y retrouver le souvenir de celui dont la gloire a été si grande, qu'on l'appela de son vivant et qu'on l'appelle encore le Roi-Soleil.

On a peine à s'imaginer que, dans la grandeur à laquelle elle était arrivée, la France ne fût pas encore complète. Elle l'était si peu, que de grandes villes comme Lille, Strasbourg, Besançon, n'en faisaient pas partie. Aussi, continuant l'œuvre de ses ancêtres, Louis XIV eut pour ambition de rendre à la France les frontières qui avaient été celles de la Gaule et qu'elle avait perdues depuis si longtemps.

Quand on parle des conquêtes de Louis XIV, il faut donc se dire que, sans ces conquêtes-là, la France compterait aujourd'hui plusieurs départements de moins.

Il commença par la Flandre, qui appartenait alors à l'Espagne, comme si les Espagnols eussent eu le droit de posséder Lille et Douai, qui sont très loin de Madrid. Louis XIV revendiqua cette province comme la dot de sa femme Marie-Thérèse. Ce fut une vraie promenade, et cette belle province fut conquise presque sans batailles.

Mais les autres pays furent jaloux, surtout la Hollande, qui était alors plus puissante qu'aujourd'hui. Les Hollandais ayant formé une ligue contre Louis XIV pour l'empêcher de garder la Flandre et la Franche-Comté qu'il avait également conquise, le roi envahit leur pays et passa lui-même le Rhin avec son armée. Mais la Hollande est aussi appelée les Pays-Bas, parce qu'elle est en effet plus basse que la mer. Avec un héroïsme digne d'admiration, les Hollandais n'hésitèrent pas à ouvrir leurs écluses, et une vaste inondation fit reculer les Français, vaincus non par le fer et par le feu, mais par l'eau.

Alors il se forma contre Louis XIV une première coalition qui réunit contre lui près de la moitié de l'Europe. Elle voulait lui reprendre ce que la France avait acquis depuis Richelieu et défaire notre « *pré-carré* ». Parmi nos ennemis, on retrouvait l'empereur allemand, avide de prendre sa revanche des traités de

« *Westphalie* ». On rencontrait aussi pour la première fois la Prusse et les Prussiens.

Louis XIV tint tête à tous. Il avait encore pour généraux Condé et Turenne, qui furent vainqueurs partout. Un moment, pourtant, les Impériaux envahirent l'Alsace. Mais Turenne les repoussa si bien qu'il franchit le Rhin. Il était à la veille de remporter une grande victoire, lorsque en examinant les positions de l'ennemi, s'étant trop avancé, il fut frappé par un boulet en pleine poitrine et tomba entre les bras de son fils. Ses soldats le pleurèrent comme un père, et les Français comme un héros.

Cependant la guerre se termina à notre avantage, et la France y gagna encore la Franche-Comté avec Besançon. Ensuite Louis XIV décida de réunir au royaume Strasbourg et quelques autres villes de l'Est, au nom des traités qui venaient d'être signés.

Ces nouveaux agrandissements réveillèrent la jalousie de l'Europe. Il se forma contre la France une nouvelle coalition, encore plus redoutable, car, cette fois, l'Angleterre en faisait partie. Et, en même temps, Louis XIV commit une faute. Ce fut la révocation de l'Édit de Nantes. Les protestants perdaient le droit de pratiquer leur religion. En très grand nombre, plutôt que de se convertir, ils préférèrent quitter la France, qui perdit ainsi beaucoup d'hommes actifs et industrieux qui allèrent porter à l'étranger, et surtout en Prusse, leurs métiers et aussi leurs rancunes. Lorsque Louis XIV s'aperçut de son erreur, il était trop tard. Mais il faut dire aussi que tout le reste de la France l'avait poussé à révoquer l'Édit de Nantes et l'en avait loué comme de l'une de ses plus belles actions.

Ce fut encore une grande guerre sur terre et sur mer, que celle de la ligue d'Augsbourg. La France fut attaquée partout, mais partout elle porta la guerre chez l'ennemi. Si Tourville perdit ses vaisseaux à la bataille navale de la Hougue, Jean-Bart et Duguay-Trouin firent aux Anglais une rude guerre de corsaires. Sur terre, Catinat et le maréchal de Luxembourg remportèrent de grandes victoires. Après celle de Neerwinden, Luxembourg rapporta à Paris tant de drapeaux, qu'on l'appela le tapissier de Notre-Dame.

Deux fois la France avait résisté à l'Europe. Elle allait lui résister encore une fois dans la guerre de succession d'Espagne.

Le roi d'Espagne était mort sans enfants et il avait laissé sa couronne au duc d'Anjou, le petit-fils de Louis XIV. Celui-ci savait bien que, s'il acceptait cet héritage, l'Europe lui en voudrait beaucoup.

Mais si on le refusait, un prince allemand régnerait à Madrid, comme sous Charles-Quint. La France aurait un ennemi derrière les Pyrénées. Après avoir bien hésité, Louis XIV accepta le testament, et, en annonçant que le duc d'Anjou devenait roi d'Espagne sous le nom de Philippe V, il dit :

« Il n'y a plus de Pyrénées. »

En effet, depuis ce temps, les Bourbons ont régné sur l'Espagne, qui a cessé d'être notre ennemie.

Mais comme Louis XIV l'avait prévu, il eut encore à soutenir une grande guerre contre l'Europe, et la France eut tant d'adversaires à combattre à la fois, qu'ils purent croire qu'elle succomberait. Un moment elle fut même tout près d'être envahie après la défaite d'une de nos armées à Malplaquet. Le chemin de Paris était ouvert. Mais bientôt, à Denain, le maréchal de Villars remporta une grande victoire après laquelle la paix fut signée.

Louis XIV gardait toutes ses conquêtes. Son petit-fils régnait sur l'Espagne, au lieu que ce fût un prince allemand. Ce long règne de soixante-dix ans avait connu à la fin des heures sombres. Mais il s'achevait dans la gloire.

Pourtant, à son couchant, le Roi-Soleil était bien triste, car la mort était venue lui prendre presque tous ses enfants. Lorsqu'il mourut, en 1715, il ne restait plus pour lui succéder que son arrière-petit-fils, Louis XV, qui avait cinq ans.

LOUIS XIV - LE ROI SOLEIL | 71

Le Roi Soleil

LA REGENCE

Le duc d'Orléans gouverna, en attendant que le jeune roi fût majeur. Et le Régent s'appliqua surtout à conserver la paix. C'est pourquoi, l'Angleterre ayant été notre principale ennemie, il s'allia avec elle, ce qu'on reprocha beaucoup à son ministre Dubois. D'ailleurs, il ne se serait rien passé de particulier sous la Régence sans un étrange personnage, l'Écossais Law (dont le nom doit se prononcer Lo), et qui a tellement frappé les Français de ce temps-là, que son souvenir n'est pas encore oublié.

Comme il est facile de le comprendre, les guerres que Louis XIV avait soutenues avaient coûté fort cher. L'État était très pauvre. Un moment la détresse avait été telle, même à la cour, que le grand roi avait donné l'exemple de faire fondre ses plats et ses couverts d'argent. Lorsque le Régent arriva, les finances étaient encore très mal en point, exactement comme après la guerre de 1914. On ne savait plus à quel saint se vouer pour trouver des ressources, lorsqu'un banquier d'Ecosse se présenta.

Il possédait, disait-il, un secret merveilleux. Au lieu de frapper des monnaies d'or et d'argent, il suffisait d'imprimer des billets de banque. Et il se vantait d'enrichir la France comme par une recette magique avec ce papier sur lequel des chiffres seraient inscrits. Tout le monde voulut avoir de ce papier merveilleux. Et, en effet, ceux qui en avaient devinrent riches. Des fortunes énormes s'élevaient en quelques jours. On jouait fiévreusement à la Bourse d'alors, qui se trouvait rue Quincampoix. Et l'on citait un petit bossu qui avait gagné des sommes énormes : rien qu'à prêter son dos pour servir de pupitre et pour écrire.

Cependant un jour vint où quelques-uns de ceux qui avaient le plus gagné se dirent que le moment était venu d'échanger ce papier contre quelque chose de plus solide, des louis d'or, par exemple. Et l'on s'aperçut alors que les billets de Law n'étaient qu'une illusion. Tout le monde voulut s'en débarrasser et les vendre. Et ceux qui arrivèrent trop tard perdirent tout et furent ruinés.

L'Écossais Law lui-même dut quitter la France plus pauvre qu'il n'y était venu. Et depuis, quand on parle des gens qui croient qu'on peut faire de la richesse rien qu'avec du papier et en imprimant des billets, on dit :

« Ils ont donc oublié l'expérience du système de Law ! »

Pendant longtemps les Français ne l'oublièrent pas, et ils ne voulurent plus être payés qu'en bonnes espèces d'or et d'argent.

LOUIS XV

On a l'habitude de dire beaucoup de mal de Louis XV, On lui reproche d'avoir été indolent, d'avoir aimé les plaisirs et de s'être laissé conduire par des favoris et des favorites. Tout de même, comme la plupart de ses prédécesseurs, il a trouvé le moyen d'agrandir la France et il lui a laissé la Lorraine et la Corse.

Ce n'est déjà pas si mal quand on pense qu'en ce temps-là les Français eurent pour ennemies l'Angleterre et la Prusse. Ils avaient même commencé par combattre la maison d'Autriche, par une sorte de vieille habitude. Mais ce n'était plus la maison d'Autriche qui était l'adversaire. C'était le roi de Prusse, qui était devenu bien plus dangereux et qui était bien plus perfide, car il faisait quelquefois semblant d'être notre ami.

Par la guerre avec l'Autriche, on aurait achevé la conquête de la Flandre, c'est-à-dire qu'une grande partie de la Belgique serait devenue française. Mais cela, l'Angleterre ne le permettait pas. Elle nous déclara donc la guerre, et, comme sous Louis XIV, forma contre nous une coalition. Notre allié était le roi de Prusse. Mais c'était un allié infidèle, toujours prêt à trahir dès qu'il y voyait son intérêt.

Cette guerre fut longue, car elle dura sept ans. Elle fut mêlée de succès et de revers. Les Français allèrent bien loin, jusqu'en Bohême, où ils prirent la ville de Prague. Le jour de l'attaque, le colonel Chevert rassembla ses sergents et leur dit :

« Mes amis, vous êtes tous braves ; mais aujourd'hui il me faut un brave à trois poils. »

Les regardant tous, il s'adressa au sergent Pascal et lui dit :

« *Tu vas monter le premier.*
  - Oui, mon colonel.
  - Une sentinelle criera : « *Qui va là ?* » *Tu ne répondras rien.*

- Oui, mon colonel.
- Elle tirera sur toi et te manquera.
- Oui, mon colonel.
- Tu la tueras.
- Oui, mon colonel.
- Après cela, ne crains rien. Nous arriverons tous. »

Les choses se passèrent comme Chevert l'avait dit et la ville fut prise.
Cependant l'ennemi refusait de faire la paix. On la lui arracha par une victoire. Le roi lui-même se rendit en Flandre, accompagné du maréchal de Saxe, illustre soldat, mais presque impotent et si malade, qu'il ne pouvait plus monter à cheval. Il se faisait traîner dans une petite voiture d'osier et il allait regarder les lignes ennemies d'aussi près que s'il avait été en selle. Le maréchal de Saxe, ainsi qu'il l'avait annoncé, rencontra les Anglais dans la plaine de Fontenoy, dont le nom est resté celui d'une victoire mémorable. Comme le régiment des gardes françaises se trouvait en présence de l'infanterie anglaise, lord Hay, saluant poliment, leur dit :

« Messieurs les Français, tirez les premiers. »

Les officiers français rendirent le salut, car, en ce temps-là, tout, même la guerre, se faisait poliment, et le comte d'Auteroche répondit à lord Hay :

« A vous l'honneur ! »

La vérité oblige à dire que les gardes françaises n'attendirent pas que les Anglais eussent tiré et déchargèrent même leurs fusils sans ordre et un peu trop vite, en sorte que la fusillade anglaise fut très meurtrière. L'ennemi avança et quelques boulets vinrent tomber tout près de l'endroit où le roi se tenait impassible. Alors le maréchal de Saxe, malgré ses souffrances, se fit amener un cheval et lança la cavalerie et l'artillerie contre les Anglais, dont le carré fut disloqué et qui s'enfuirent dans une véritable panique.
L'autre guerre que soutint Louis XV fut aussi une guerre de sept ans, et c'est sous ce nom qu'elle est restée connue.
Alors nous eûmes encore pour ennemie l'Angleterre, qui voulait dominer les mers et nous prendre nos colonies, car nous possédions l'Inde et une grande partie de l'Amérique du Nord avec le Canada, où il y avait déjà cent ans que des colons français s'étaient fixés. Et à l'Angleterre s'était joint le roi de Prusse Frédéric, tandis que notre alliée était cette fois l'Autriche.
On se battit partout, sur terre et sur mer, en Europe, en Amérique et en Asie. Du moins, la guerre n'avait-elle pas lieu en France, mais de l'autre côté du Rhin, sur le territoire allemand. Si la bataille de Rosbach fut perdue, ce fut en Allemagne. Mais les Français, en ce temps-là, comme il leur est arrivé bien souvent avant et depuis, faisaient la guerre avec un peu trop de légèreté et d'élégance, ce qu'on a appelé la guerre en dentelles. Soubise fut tout étonné d'être battu à Rosbach. Mais on disait de lui qu'il se faisait suivre par des cuisiniers, tandis que le roi de Prusse se faisait précéder de cent espions. Comme à Crécy et à Poitiers,

les Français étaient parfois imprudents, mais toujours chevaleresques. Un des plus beaux épisodes de cette guerre fut celui du sergent Dubois et du chevalier d'Assas. Tous deux, en Allemagne, conduisaient une nuit en éclaireurs le régiment d'Auvergne, lorsque le sergent Dubois, qui était en avant, tomba au milieu des Anglais, qui lui dirent que, s'il poussait un cri, il était un homme mort. Mais Dubois voulut avertir ses camarades du danger et s'écria d'une voix retentissante :

« A nous, Auvergne, ce sont les ennemis ! »

Il tomba percé de coups. Et le chevalier d'Assas, qui le suivait, ordonna à ses soldats de tirer sans prendre garde à lui. Une de leurs balles le frappa à mort. Ce dévouement de deux héros sera toujours cité en exemple.

Cette guerre eût été gagnée si l'héroïsme eût suffi. Il en fut déployé beaucoup aussi dans les batailles navales et dans les pays lointains. Mais il fallut céder au nombre et surtout à la supériorité de la flotte anglaise. Au traité de Paris, la France ne céda pas un pouce de son territoire, mais elle perdit presque toutes ses colonies, l'Inde malgré l'énergie de Dupleix, le Canada malgré la vigueur de Montcalm.

La fin du règne de Louis XV se passa à essayer de réparer ce malheur. Un grand ministre, Choiseul, rendit à la France une marine. La Corse fut conquise, malgré les Anglais. Et la Lorraine, qui n'avait jamais pu être réunie que passagèrement, devint pour toujours française. Car il n'y a pas beaucoup plus d'un siècle et demi que Nancy est française, tant il a été difficile et long de faire la France.

LOUIS XVI

Lorsque Louis XV mourut, il y avait beaucoup de mécontents et l'on frondait beaucoup, mais avec des livres et des pièces de théâtre. On se plaignait de tout, du gouvernement, des guerres, des alliances, et principalement des impôts.

Le nouveau roi, Louis XVI, petit-fils de Louis XV, montait sur le trône avec les meilleures intentions du monde. Il voulait réaliser les réformes que tout le monde réclamait à la suite des grands écrivains du temps, Voltaire et Rousseau. Malheureusement, il était très jeune et il n'avait pas beaucoup d'expérience. Son caractère était irrésolu, et, dans son désir de bien faire, il essayait beaucoup de choses sans aller jusqu'au bout. C'est ainsi que, sans le vouloir, il prépara la Révolution.

Pourtant il avait beaucoup de bonté. Il choisit d'abord pour ministre Turgot, que tout le monde réclamait. Il cherchait les moyens de rendre le peuple heureux. Croiriez-vous qu'à cette époque-là, les gens refusaient de manger des pommes de terre, croyant qu'elles donnaient la lèpre ? Un savant, Parmentier, aidé par le roi qui portait une fleur de pomme de terre à sa boutonnière, démontra que c'était un mets excellent qu'on mangeait à Versailles tous les jours. L'Anglais Jenner avait inventé le vaccin dont beaucoup de gens avaient peur sans savoir pourquoi : Louis XVI se fit vacciner le premier. Mais tout cela ne suffisait pas et, pour éviter la Révolution, il eût fallu surtout gouverner fermement.

Ce que Louis désirait encore, c'était effacer le malheureux traité de Paris et prendre une revanche sur l'Angleterre. Or il arriva que les colonies anglaises de l'Amérique du Nord se révoltèrent. Leur cause souleva beaucoup d'enthousiasme en France parce que de la liberté et aussi parce qu'on était content des ennuis qui arrivaient aux Anglais. Beaucoup de jeunes gentilshommes allèrent au secours des insurgés américains comme on allait autrefois à une croisade, et à leur tête se trouvait La Fayette.

Conseillé par son ministre Vergennes, Louis XVI décida d'aider l'Amérique à proclamer son indépendance. C'était la guerre avec l'Angleterre ; mais la France était cette fois de taille à la soutenir. Elle avait des navires et des alliés. Suffren, Grasse et Guichen battirent les amiraux anglais, tandis qu'en Amérique le général Rochambeau, débarqué avec ses troupes, obligeait les soldats du roi d'Angleterre à capituler. Grâce à la France, l'Amérique était libre. La grande République des États-Unis était fondée. Grâce à Louis XVI et à Vergennes, à La Fayette et à Rochambeau, les Américains peuvent déployer aujourd'hui leur drapeau étoile.

Nous y gagnâmes aussi, avec une solide rancune de l'Angleterre, de retrouver une partie des colonies perdues au traité de Paris.

Mais cette guerre avait encore coûté très cher, comme Turgot, qui l'avait désapprouvée pour cette raison, l'avait prévu. Elle avait coûté d'autant plus cher que Louis XVI ne voulut pas réclamer aux Américains l'argent qu'il leur avait prêté. Aussi les finances allèrent-elles en France encore plus mal qu'avant. Les impôts ne diminuaient pas. On parlait de banqueroute, et le mécontentement s'accrut.

C'est pourquoi, après avoir essayé en vain plusieurs ministres des finances, Louis XVI résolut de convoquer les États généraux, ce qui était le remède auquel on avait eu recours autrefois dans les moments difficiles et troublés.

Les États généraux furent convoqués en 1789. C'est ce jour-là que commença la grande Révolution.

31

LA REVOLUTION

Tout alla d'abord très bien. On était dans l'enthousiasme. On croyait que la France allait être plus heureuse qu'elle n'avait jamais été, et personne n'en voulait à Louis XVI.

Mais bientôt le bruit courut que le roi, poussé par la reine Marie-Antoinette, voulait renvoyer les États généraux. Marie-Antoinette était une princesse d'Autriche, ce qui la rendait suspecte à beaucoup de gens pour qui l'Autriche était toujours l'ennemie, et on l'appelait même l'Autrichienne.

Il y avait aux États généraux trois sortes de députés, qu'on appelait les trois ordres. Les uns étaient des prêtres, les autres étaient des nobles, d'autres enfin étaient des bourgeois. Ceux-là, qui formaient le troisième ordre ou tiers État, décidèrent, quoi qu'il arrivât, de ne pas se séparer. Ce fut le Serment du jeu de Paume. Et quelques jours plus tard, Mirabeau, homme d'une grande éloquence, répondait au marquis de Dreux-Brézé, grand maître des cérémonies du roi :

« Allez dire à votre maître que nous sommes ici par la volonté du peuple et que nous n'en sortirons que par la force des baïonnettes ! »

Mais Louis XVI n'aimait pas à se servir des baïonnettes et il laissa les États généraux devenir une assemblée qui donnerait un gouvernement à la France et qui se mit à voter des lois et des réformes.

Alors beaucoup d'agitation commença à se répandre dans Paris, et il y eut une grande indignation quand on apprit que le roi voulait renvoyer Necker, un ministre qui s'était rendu populaire. Le peuple se souleva, on fabriqua des piques, on enleva des fusils et des canons, et l'on marcha sur la Bastille, vieille forteresse d'autrefois qui servait de prison.

La Bastille n'était guère défendue que par de vieux invalides, de sorte que, malgré ses gros murs, il ne fut pas bien difficile d'y entrer. Quand elle fut prise, il y eut une grande joie, comme si la tyrannie eût été renversée. C'était le 14 juillet 1789, que l'on fête encore tous les ans. Pourtant les vainqueurs de la Bastille ne se conduisirent pas très bien. Ils tuèrent leurs prisonniers et coupèrent les têtes, qu'ils promenèrent au bout de leurs piques.

Louis XVI apprit cette nouvelle à son retour de la chasse.

« C'est donc une révolte ? dit-il.
— Non, sire, répondit le duc de Liancourt. C'est une révolution. »

Le duc de Liancourt avait raison, et la Révolution devait verser encore bien du sang, commettre bien des crimes et des persécutions. Cependant les Parisiens croyaient que tout le mal venait de ce que Louis XVI restait à Versailles et que, s'il était parmi eux, il échapperait à ses mauvais conseillers. La cocarde que l'on choisit était bleue et rouge, les couleurs de Paris qu'Etienne Marcel avait mises au chapeau de Charles V. La Fayette y ajouta le blanc, couleur du roi, et le bleu, blanc, rouge est devenu le drapeau français.

« *Voilà une cocarde,* dit La Fayette, *qui fera le tour du monde.* » Mais on était pressé de voir la famille royale rentrer à Paris, et, comme le pain manquait, une grande foule, où il y avait beaucoup de femmes, se rendit à Versailles pour ramener, disait-on, *« le boulanger, la boulangère et le petit mitron, »* c'est-à-dire le roi, la reine et le dauphin.

Encore une fois, tout semblait très beau. On s'embrassait en attendant de se guillotiner. Pour l'anniversaire de la prise de la Bastille, il y eut au Champ de Mars une grande fête que le roi présida et d'où l'on vint de toutes les parties de la France. La Révolution et la Royauté avaient l'air de marcher ensemble. Mais, bientôt, l'Assemblée vota contre la religion des lois que Louis XVI, dans sa conscience de chrétien, ne crut pas devoir approuver. Ne se sentant plus libre, il voulut quitter Paris avec sa famille. Et, une nuit, il partit en voiture des Tuileries, il fut reconnu sur la route par le maître de poste Drouet, qui compara son visage à celui qui était gravé sur les écus. Arrêté à Varennes, le roi fut ramené à Paris.

Il fut dès lors suspect. Les révolutionnaires enragés, qu'on appelait les Jacobins, et qui en voulaient autant à l'Église et aux prêtres qu'à la royauté, commencèrent à demander sa déchéance. On l'accusa même de trahir et de conspirer avec les émigrés, ainsi que la reine, l'Autrichienne ; car à ce moment la Révolution devint guerrière et déclara la guerre à l'Autriche, à qui les Français gardaient toujours leur animosité d'autrefois.

32

LA TERREUR

Il ne fallut pas combattre seulement l'empereur d'Autriche. Le roi de Prusse se dit que, le désordre s'étant mis en France, il lui serait facile de battre les Français et de leur prendre quelques provinces. Seulement son général, le duc de Brunswick, eut la maladresse de lancer un manifeste où il annonçait qu'il venait rendre à Louis XVI son autorité et où il menaçait de détruire Paris.

Alors les Jacobins envahirent les Tuileries en réclamant l'arrestation du roi. Toujours bon, Louis XVI refusa de se défendre et empêcha sa garde suisse de tirer sur le peuple. Il alla se livrer avec sa famille à la Convention, c'est-à-dire à l'Assemblée, qui prononça aussitôt sa déchéance et le fit enfermer à la sombre prison du Temple. Ce jour-là, 10 août 1792, la Monarchie, qui durait depuis Hugues Capet, c'est-à-dire depuis huit cents ans, fut abolie. Et les révolutionnaires affectèrent de ne plus appeler Louis XVI que Louis Capet.

Pendant ce temps, les Prussiens envahissaient la France. Alors ce ne fut plus seulement la Révolution, ce fut la Terreur. On ne voyait partout que des traîtres. A la nouvelle de la prise de Verdun, la foule, excitée par Danton, envahit les prisons et égorgea les royalistes et un grand nombre de prêtres qui y étaient enfermés. Ce furent les fameux massacres de septembre.

Heureusement, tandis que les massacreurs promenaient des têtes au bout de leurs piques, des volontaires étaient accourus au cri de « *la Patrie est en danger* » et ils étaient allés rejoindre ce qui restait de l'ancienne armée pour tenir tête aux Prussiens. Ceux-ci se heurtèrent à une résistance qu'ils n'attendaient pas. Arrêtés à Valmy, ils préférèrent quitter la France pour aller partager la Pologne. Peu après, les Autrichiens, qui étaient arrivés jusqu'à Lille, furent battus à Jemmapes. La République, proclamée le lendemain de Valmy, commençait par des victoires. Mais le danger était toujours grand, et les ennemis du dehors menaçaient la France d'une grande coalition.

« *Jetons-leur en défi une tête de roi !* » s'écria Danton. Dès lors, la mort de

Louis XVI fut résolue. Il passa en jugement et fut condamné à avoir la tête tranchée par un instrument qui avait déjà beaucoup servi, la guillotine, inventée un certain docteur Guillotin. Le 21 janvier 1793 Louis XVI fut conduit à l'échafaud après avoir fait ses adieux à la reine et à ses enfants. Sa résignation fut admirable, car il avait toujours été doux, faible et irrésolu, et de là lui étaient venus ses malheurs. Beaucoup de personnes pleuraient en le voyant passer. Quand il fut livre au bourreau, il voulut parler à la foule. Il put dire seulement : « *Dieu veuille que ce sang ne retombe pas sur la France !* » car le terrible Santerre leva son sabre, les tambours retentirent, et la tête du roi, fils de Saint Louis, tomba dans le panier.

Bientôt Marie-Antoinette elle-même fut exécutée à son tour, tandis que le petit dauphin, resté enfermé au Temple et privé de ses parents, était livré à l'infâme cordonnier Simon, qui le brutalisait et s'amusait à lui apprendre des jurons horribles. Celui qui aurait dû être Louis XVII finit par mourir de ces mauvais traitements.

Le sang du roi et de la reine retomba sur les révolutionnaires eux-mêmes, qui ne tardèrent pas à s'accuser les uns les autres. L'ennemi était toujours plus redoutable car l'Angleterre dirigeait, maintenant comme autrefois, une vaste coalition. Toute partie de la France, indignée par l'exécution du roi et par la persécution de la religion se soulevait. La Convention dut soutenir une « *lutte de géants* » contre les paysans vendéens, royalistes et catholiques. De plus, la misère était grande, et les billets ou assignats, qu'on imprimait à la façon de Law, n'étaient plus que du mauvais papier. Alors la guillotine fonctionna sans relâche. On y envoya non seulement des nobles, mais des prêtres et même de pauvres gens simplement parce qu'ils étaient dénoncés comme de mauvais républicains. On y envoya aussi les généraux qui perdaient une bataille, car la Terreur était un moyen de sauver la République et la Patrie. A la fin, les révolutionnaires se guillotinèrent entre eux. Les Girondins y passèrent d'abord, et, pour les venger, Charlotte Corday assassina l'infâme Marat, qui, dans son journal, réclamait des têtes tous les jours. Puis ce fut le tour de Danton, lorsque Robespierre, le plus farouche des Jacobins, eut pris le pouvoir. C'est lui qui, au grand scandale des croyants, avait inventé de faire adorer dans les églises une femme sous le nom de déesse Raison.

Sous Robespierre, la charrette des condamnés menait tous les jours des fournées de victimes à la guillotine. Alors on exécuta pêle-mêle des savants comme Lavoisier, des poètes comme André Chénier, et aussi des députés, tant de députés que la Convention allait être dégarnie.

Cependant les Français ne sont pas si cruels. Tout ce sang répandu, ce massacre quotidien commençait à les indigner. Un jour, le 9 thermidor (car on avait tout changé, même le calendrier), Robespierre fut renversé par la Convention. Ses amis les Jacobins essayèrent en vain de le défendre. Atteint d'un coup de feu au visage, il fut conduit tout sanglant à la guillotine, où il avait envoyé tant de Français.

La Terreur était finie, mais la Révolution ne l'était pas encore.

Exécution de Louis XVI

LE GENERAL BONAPARTE

Dans la Corse que Louis XV nous avait donnée trente ans plus tôt, il était né un enfant, Napoléon Bonaparte, dont la destinée serait merveilleuse et qui remplirait le monde de son nom.

Sa famille n'était pas riche, et il avait sept frères et sœurs dont il fera plus tard des rois et des reines. Son père l'envoya à l'École militaire, où ses camarades se moquaient de lui parce que, lorsqu'on lui demandait son nom, il répondait avec l'accent de son pays : « *Napolioné Buonaparte.* » Aussi le surnommait-on « *la paille au nez* ». Mais, dans les jeux, il était toujours le chef.

Sous la Révolution, il était capitaine d'artillerie lorsqu'il fut envoyé au siège de Toulon. A ce moment nos affaires allaient si mal, que ce grand port était occupé par les Anglais. Le général révolutionnaire qui voulait le leur reprendre était incapable. Ce fut le petit capitaine d'artillerie corse qui dit ce qu'il fallait faire. Les Anglais durent quitter Toulon, et Bonaparte, en récompense, devint général.

Il fut envoyé en Italie, où l'armée française, manquant de tout, était sur le point de battre en retraite. D'abord les soldats accueillirent mal ce jeune général, maigre, jaune, et qui ne payait pas de mine. Mais il sut leur dire des paroles qui les électrisèrent. Avec lui, ils volèrent de victoire en victoire, bousculant l'ennemi bien plus nombreux. A Arcole, il s'agissait de traverser un pont balayé par la mitraille. Voyant que les grenadiers hésitent, Bonaparte saisit un drapeau et s'élance le premier. Tous le suivent. Il est jeté dans la rivière, il va être pris. Mais ses grenadiers le délivrent, le pont est franchi et les Autrichiens battus.

Bonaparte rentra à Paris victorieux. Cependant la France restait malheureuse. Il y avait beaucoup de désordre et de misère, et les Anglais ne consentaient pas à faire la paix. Afin de les y forcer, Napoléon proposa de conquérir l'Égypte pour leur couper le chemin des Indes. Le voilà débarquant, comme jadis Saint Louis, au pays des mamelucks. Il faisait bien chaud, on avait soif et les soldats commençaient à se plaindre, lorsque l'armée arriva devant les pyramides géantes que les anciens Égyptiens avaient construites.

> *« Soldats, s'écria le général Bonaparte, qui trouvait toujours le mot qu'il fallait dire pour relever les courages, soldats, du haut de ces pyramides quarante siècles vous contemplent ! »*

Le pays des mamelucks fut conquis au pas de course. Par malheur, pendant ce temps, notre escadre était détruite par les Anglais à Aboukir. Bonaparte était enfermé en Égypte ! Il ne s'émut pas pour si peu et s'en alla conquérir la Syrie. Ne craignant jamais rien pour lui-même, il brava le désert et la peste, comme il allait braver la flotte anglaise. De mauvaises nouvelles lui étaient venues de France. Il savait que, sous le gouvernement du Directoire, tout allait de mal en pis, que l'Italie était de nouveau perdue, qu'une grande coalition menaçait d'envahir le territoire. Alors, laissant le commandement de l'Égypte au brave Kléber, il monte à bord d'un navire léger, traverse toute la Méditerranée, échappe aux marins anglais qui cherchent à. l'arrêter, passe hardiment entre leurs vaisseaux et débarque à Fréjus.

Lorsqu'on sut que le général Bonaparte était de retour, il y eut en France un grand enthousiasme. On comptait sur lui pour ramener la victoire et mettre fin aux disputes, au chaos et à la désolation intérieure. Quelques membres du Directoire lui demandèrent même de les aider à chasser du gouvernement les Jacobins, qui continuaient à répandre la haine et l'anarchie. Dans la journée du 18 brumaire, à Saint-Cloud, il chassa les députés.

Alors il devint Premier Consul, c'est-à-dire le chef de la France. Il s'efforça de réconcilier les Français et d'effacer les souvenirs de la guerre civile. Bientôt il rétablira la religion persécutée et signera avec le Pape un accord appelé Concordat. Mais surtout il fallait mettre le pays à l'abri des envahisseurs. Il retourna en Italie, remporta encore une victoire éclatante à Marengo et obligea l'ennemi à signer la paix.

Ces choses se passaient en l'année 1800, mille ans après le couronnement de Charlemagne. Le petit Corse, quatre ans plus tard, allait être couronné par le Pape, comme l'empereur à la barbe fleurie.

NAPOLEON 1ER

Il est malheureux qu'à ce moment-là Napoléon ait souillé sa mémoire par un crime. Mais il avait été appelé au pouvoir par des révolutionnaires qui avaient voté la mort de Louis XVI. Lui-même craignait le retour des Bourbons. Pour effrayer les royalistes, il ordonna que le duc d'Enghien fût enlevé par des dragons et le fit fusiller dans les fossés de Vincennes.

Il se passa alors cette chose extraordinaire que les Français, qui n'avaient plus voulu de roi, acclamèrent un empereur qui était le maître absolu et qui gouvernait sans Assemblée.

Le pape Pie VII vint à Notre-Dame lui donner l'onction du sacre. Mais au moment où le Pape allait poser la couronne sur sa tête, Napoléon la lui prit des mains et se couronna lui-même.

Cependant l'Angleterre ne devait pas faire la paix tant que les Français occuperaient la Belgique et la rive gauche du Rhin. Elle devint l'ennemie mortelle de Napoléon, qui le comprit et voulut la frapper au cœur. Il réunit à Boulogne une grande armée qui devait franchir le Pas de Calais et marcher sur Londres. Longtemps, l'Empereur attendit la flotte de l'amiral Villeneuve. Mais Villeneuve ne vint pas : les Anglais avaient coulé tous ses vaisseaux à Trafalgar. Décidément, la fortune, sur la mer, était contraire à Napoléon. Mais sur terre, il était toujours irrésistible. Quittant Boulogne, il se dirigea vers l'Allemagne avec rapidité. A Ulm, il fait capituler les Autrichiens, alliés de l'Angleterre.

A Austerlitz, le 2 décembre, jour anniversaire de son couronnement, il rencontre encore une grande armée d'Autrichiens et de Russes. Il les manœuvra de telle manière, qu'ils s'engagèrent sur des étangs gelés dont il fit briser la glace à coups de canon. Des milliers d'ennemis s'y engloutirent. La plus belle des batailles napoléoniennes était gagnée, et l'Empire n'eut pas de soleil plus brillant que celui d'Austerlitz.

Cependant l'Angleterre ne se lassait de susciter des ennemis contre la France.

Par toute l'Europe, on vit l'Empereur, que ses soldats appelaient le petit caporal, courir avec son petit chapeau et sa redingote grise, car il laissait à ses généraux les uniformes chamarrés. Les grenadiers de sa garde grognaient quelquefois, et c'est pourquoi on les appelait les Grognards ; mais ils le suivaient toujours.

Ce furent les Prussiens que l'Angleterre, pour effacer Austerlitz, lança contre lui. Napoléon marcha vers eux si vite, qu'il les écrasa à Iéna, et le prince de Prusse fut tué d'un coup de sabre par un hussard français. A ce moment, Napoléon *« n'aurait eu qu'à siffler et la Prusse n'existait plus ».* Il fut trop clément avec ; elle, et elle instruisit secrètement des soldats qui devaient l'attaquer par derrière le jour où ses revers commenceraient.

Car toutes les victoires qu'il remportait sur la terre laissaient l'Angleterre en sécurité dans son île. Pour la faire céder, Napoléon voulut l'affamer par le blocus continental, c'est-à-dire en interdisant à tous les pays d'Europe de lui vendre des marchandises et de lui en acheter.

C'était un très beau projet, seulement il fallait contraindre les autres pays à l'accepter et, par là, Napoléon fut conduit à conquérir peu à peu toute l'Europe. Il alla battre les Russes à Eylau et à Friedland. Il fit de son frère Joseph un roi d'Espagne, de son frère Louis un roi de Hollande, et de son frère Jérôme un roi de Westphalie. Mais les Espagnols se révoltaient. Les Autrichiens, pendant ce temps, reprenaient la lutte, et il fallut que Napoléon quittât l'Espagne pour aller les battre à Wagram. Tout était toujours à recommencer.

Pourtant, à ce moment-là, Napoléon n'avait jamais paru plus puissant, au point que l'empereur d'Autriche lui donnait sa fille Marie-Louise en mariage. Le petit capitaine d'artillerie était entré dans la famille de Marie-Antoinette et de Louis XVI. Et son fils, le fils de l'aigle, s'appellera le roi de Rome. Mais l'Aiglon ne régnera pas et il mourra, un jour, obscurément, chez ses parents d'Autriche, simple duc de Reichstadt.

Après avoir vaincu l'empereur d'Autriche et l'empereur de Russie, Napoléon était devenu le gendre du premier et l'allié du second. L'Angleterre ne cédait pas, parce que le blocus continental n'était pas observé partout. Pour y contraindre les Russes, qui, à l'instigation des Anglais, avaient rompu leur alliance avec la France, Napoléon décida d'aller, à leur tour, les battre dans leur pays.

Il se mit en route avec une armée immense, la plus nombreuse qu'on eût jamais vue, et qui restera pour toujours la Grande Armée. Et l'on s'enfonça dans les plaines de Russie jusqu'à la ville lointaine de Moscou, dont les mille clochers en forme d'oignons peints de toutes les couleurs brillaient au soleil d'automne. Napoléon, qui était déjà entré à Vienne, à Berlin, à Madrid, entra dans la ville sainte des Russes et s'installa au Kremlin.

La Russie était envahie, elle n'était pas battue. Ses soldats, invisibles et insaisissables, attendaient un puissant renfort : la neige et le *« général Hiver ».* Ils n'hésitèrent pas à brûler eux-mêmes Moscou pour en chasser les Français. Il fallut commencer la retraite à travers les vastes plaines que la neige commençait à couvrir. Le chemin était long, le froid devenait terrible, la neige tombait de plus en plus épaisse, et les cosaques harcelaient sans cesse la Grande Armée, enlevant les traînards. On arriva enfin en face d'une grande rivière, la Bérézina, qui charriait d'énormes glaçons. Plus de pont Les Russes l'avaient brûlé. Il fallut, en jeter un à la hâte, et les pontonniers du général Éblé durent se mettre héroïquement dans l'eau glacée pour le construire. Mais c'était une passerelle étroite et fragile sur laquelle des milliers et des milliers de fuyards s'engagèrent dans une terrible bousculade sous le canon des Russes.

La campagne de Moscou s'était terminée par un désastre. La Grande Armée avait fondu. Le « *général Hiver* » avait vaincu Napoléon, et, dès lors, rien ne lui réussit plus. L'Angleterre le tenait. Un à un, tous les pays d'Europe se soulevèrent contre lui, l'Allemagne la première. A Leipzig, bataille des nations, l'empereur fut vaincu. Il fallut reculer, reculer, repasser le Rhin, défendre la France, puis Paris même. Malgré quatorze batailles, dont douze furent des victoires, les cosaques et les uhlans campèrent sur les Champs-Élysées.

Alors Napoléon abdiqua après avoir fait, à Fontainebleau, ses adieux à ses compagnons d'armes, et les Alliés donnèrent l'Île d'Elbe – en face de la Corse – comme domaine à celui qui avait commandé presque toute l'Europe.

Il n'y resta pas longtemps. Il s'en échappa encore comme il s'était échappé d'Égypte. Débarqué au golfe Juan, il remonta vers Paris. L'aigle volait, disait-on, de clocher en clocher.

Ney, qui avait juré de l'arrêter et de le ramener dans une cage de fer, tomba dans ses bras lorsqu'il revit son empereur. La France, avec lui, voulut encore tenter la chance.

La victoire avait cessé d'être de son côté. Napoléon, marchant au-devant des Anglais, les rencontra à Waterloo. La bataille était rude, et il attendait les renforts du général Grouchy. Ce fut Blücher qui arriva avec les Prussiens. Alors les Français furent accablés sous le nombre. Pour protéger la retraite, la garde impériale se forma en carré.

Sommé de se rendre, son général répondit :

« La garde meurt et ne se rend pas. »

La France était épuisée. La partie était perdue. Pour lever les dernières armées, on avait enrôlé jusqu'aux jeunes garçons de quinze ans. Napoléon résolut alors de s'en remettre à la générosité des véritables vainqueurs : il se livra aux Anglais.

Mais les Anglais ne lui avaient pas pardonné. Ils l'exilèrent dans une petite île solitaire, à Sainte-Hélène, très loin dans l'Océan, du côté de l'Afrique, où le geôlier Hudson Lodwe le tourmenta longtemps. Et celui qui était né dans une île du côté où le soleil se lève mourut dans une île du côté où le soleil se couche. Plus tard on alla y chercher ses restes, qui reposent aujourd'hui dans un grand tombeau de marbre sous la coupole des Invalides.

Napoléon

LOUIS XVIII - CHARLES X

La Révolution avait eu besoin de Napoléon pour sauver la France, et Napoléon ne l'avait pas sauvée. Alors il ne restait plus qu'à rappeler les Bourbons et à rétablir la royauté. Louis XVII étant mort au Temple, celui qui régna fut Louis XVIII, frère de Louis XVI.

Louis XVIII venait pour faire la paix et pour rendre à la France son ancienne prospérité. Son gouvernement fut celui de la Restauration.

C'était un prince sage et prudent auquel il manquait seulement d'avoir l'air d'un soldat. Il était gros, il marchait péniblement et il ne pouvait pas monter à cheval, ce qui faisait un grand changement avec Napoléon Ier. Mais Louis XVIII venait pour donner la paix à la France. Il voulait que cette paix fût aussi bonne que possible et il ne permettait pas aux Alliés d'abuser de leur victoire ni de lui manquer de respect.

Le roi de Prusse ayant prétendu faire sauter à Paris le pont d'Iéna qui lui rappelait la défaite des soldats prussiens, Louis XVIII dit qu'alors il irait se mettre sur le pont et qu'il sauterait avec lui. Et le roi de Prusse n'osa pas toucher au pont d'Iéna.

Louis XVIII s'y prit si bien que les uhlans et les cosaques, au bout de très peu de temps, quittèrent la France, qui redevint un pays riche, tranquille, et que les autres peuples respectaient.

C'est ainsi que Louis XVIII mourut tranquillement dans son lit, tandis que Louis XVI avait péri sur l'échafaud et que Napoléon était, mort en exil à Sainte-Hélène.

Comme Louis XVIII n'avait pas de fils, ce fut un de ses frères, Charles X, qui lui succéda. Charles X n'avait pas du tout le même caractère. Il aimait la gloire et le panache. Il rêvait de rendre à la France les conquêtes de la Révolution et la rive gauche du Rhin. Mais il était imprudent et entêté, et c'est pourquoi, au bout de peu de temps, il perdit son trône.

Pourtant son règne très court avait été glorieux. A la bataille de Navarin, les navires français avaient détruit la flotte turque et délivré la Grèce. Car la France était redevenue assez forte pour rendre service aux malheureux.

C'est aussi à Charles X que nous devons l'Algérie. Car il n'y a pas plus de cent ans, Alger était encore un nid de pirates musulmans qui descendaient parfois sur les côtes de Corse et de Provence et qui emmenaient des Français en esclavage. Un jour l'envoyé du roi ayant fait des reproches au bey d'Alger, celui-ci le frappa d'un coup d'éventail.

Charles X résolut alors de prendre le repaire des pirates et il prépara une flotte et une armée, ce qui rendit les Anglais fort jaloux. L'ambassadeur d'Angleterre s'étant plaint, le ministre de la marine lui répondit que cela lui était égal et que la flotte partirait. En effet, nos soldats débarquèrent en Afrique, et, en quelques jours, Alger fut prise. Nous n'en sommes plus jamais partis, et c'est maintenant, en terre africaine, le chef-lieu d'un département français.

Charles X conduisait aussi bien nos affaires en Afrique qu'il conduisait mal les siennes en France. Dans le mois même où Alger fut conquise, en juillet 1830, il entra en querelle avec les Parisiens, qui se mirent, selon une vieille habitude, à élever des barricades. Charles X n'avait pris aucune précaution. Il ne voulait pas croire au danger, et il jouait aux échecs tandis que la fusillade commençait.

Cependant l'émeute devint une révolution. Comme il n'avait presque pas de troupes pour le défendre, Charles X dut quitter Paris et renoncer au trône.

LOUIS-PHILIPPE

Il fut remplacé par son cousin, le duc d'Orléans, qui devint roi sous le nom de Louis-Philippe et qui reprit le drapeau tricolore, tandis que Louis XVIII et Charles X avaient eu le drapeau blanc.

Louis-Philippe, dont le père avait été guillotiné sous la Terreur, avait eu une existence très agitée. Il avait été soldat sous la Révolution. Ensuite, ayant dû émigrer, il avait gagné sa vie comme professeur en donnant des leçons. C'était un homme très simple, qui s'habillait comme un bourgeois et qui allait se promener à pied avec un parapluie. Ce qui n'empêchait pas les révolutionnaires de le détester. Plusieurs fois on tira sur lui. Mais il ne s'en émouvait pas et pensait que c'étaient les inconvénients du métier de roi.

Un peu comme Louis XVIII, il désirait que la France fût calme et riche. Aussi fit-on sous son règne de nombreux progrès, et c'est alors qu'au lieu de voyager en diligence, on eut des locomotives et des chemins de fer.

Le premier chemin de fer qui fut construit n'allait pas bien loin. Il ne menait qu'à Saint-Germain. Et des hommes pourtant très intelligents disaient que c'était un joujou qui ne pourrait jamais servir à rien de plus sérieux. D'autres prétendaient qu'il serait impossible de percer des tunnels, parce que les voyageurs, en passant sous la terre, auraient trop froid et risqueraient de mourir.

Cela prouve qu'il ne faut pas se moquer des nouvelles découvertes, et peut-être un jour prendra-t-on un avion pour aller en Amérique aussi facilement que nous prenons le train pour aller à Marseille.

Cependant on n'arrive pas à la perfection du premier coup. Les premiers wagons étaient bien peu confortables. Et l'on avait l'étrange idée d'enfermer les voyageurs à clef pour les empêcher de tomber par la portière. Un jour, une voiture ayant pris feu, les voyageurs ne purent pas sortir et furent brûlés vifs. Parmi eux, il y avait l'amiral Dumont-d'Urville, qui avait fait plusieurs fois le tour du monde sans aucun accident.

Louis-Philippe n'aimait pas la guerre, quoiqu'il l'eût faite à Valmy et à Jemmapes. Il trouvait qu'il y avait eu assez de Français tués pendant la Révolution et l'Empire. Les seules expéditions auxquelles il consentit furent pour achever la conquête de l'Algérie. Ce fut long, car les Arabes se défendaient très bien. Il fallut prendre d'assaut Constantine, ville perchée sur un rocher et que ses défenseurs croyaient inaccessible. Il fallut aussi vaincre un guerrier courageux l'émir Abd-el-Kader. La lutte dura longtemps, car lorsque l'émir était serré de trop près, il allait se réfugier dans le désert du Sahara. Enfin il dut se rendre. Il fut exilé en Syrie, et, depuis, Abd-el-Kader et ses descendants ont été de fidèles amis de la France.

Mais les campagnes d'Afrique ne suffisaient pas aux Français. Ils regrettaient les victoires de Napoléon que leur rappelaient les poètes et les écrivains d'alors, et surtout le plus célèbre de tous, Victor Hugo. On trouvait Louis-Philippe trop pacifique et l'on s'ennuyait. On lui reprochait aussi de s'obstiner à ne pas vouloir que tous les Français fussent électeurs. En 1848, les Parisiens firent encore une révolution pour avoir le suffrage universel, et, comme Charles X, Louis-Philippe abdiqua.

Alors, de nouveau, la République fut proclamée ; mais ce ne fut pas pour longtemps. Parmi les républicains, il y en avait qui tenaient à garder le drapeau tricolore, et les autres arboraient le drapeau rouge. Le poète Lamartine, qui gouvernait, s'écria :

« Le drapeau tricolore a fait le tour du monde, tandis que le drapeau rouge n'a fait que le tour du Champ-de-Mars ! »

On finit par se battre, et il y eut beaucoup de sang versé aux journées de Juin. L'archevêque de Paris, Mgr Affre, fut tué d'une balle au moment où il voulait réconcilier les deux partis. Enfin l'insurrection fut vaincue. Et la France, ayant horreur de la guerre civile, élut comme président le neveu de Napoléon Ier pour qu'il rétablît l'ordre, comme son oncle après le 18 Brumaire.

NAPOLÉON III

D'abord président de la République, Louis-Napoléon Bonaparte devint empereur sous le nom de Napoléon III. Et le second Empire commença aussi bien que le premier. Les Français, qui aimaient la gloire, furent contents, car les premières guerres du nouvel empereur furent victorieuses.

La guerre de Crimée, où nous avions pour alliés les Anglais, se termina par la prise de Sébastopol. C'est là que le maréchal de Mac-Mahon, étant monté à l'assaut d'un bastion, fit une réponse célèbre. Comme on lui disait que les Russes avaient miné le bastion qui allait sauter, Mac-Mahon s'écria :

« J'y suis, j'y reste ! »

Il resta et ne sauta pas.

Après la guerre de Crimée, ce fut la guerre contre l'Autriche, pour délivrer l'Italie. Deux victoires, à Magenta et à Solferino, obligèrent les Autrichiens à rendre aux Italiens une partie de leur pays.

Mais l'expédition du Mexique fut moins heureuse. Au fond, personne ne savait très bien ce que nous allions faire dans ce pays lointain auquel Napoléon III imposait un empereur dont les Mexicains ne voulaient pas. Ils finirent par prendre l'empereur Maximilien, le fusillèrent, et sa femme, l'impératrice Charlotte, devint folle de douleur.

Pendant que nos troupes s'usaient au Mexique, il y avait à Berlin un homme qui méditait d'écraser la France. Cet homme était un Prussien. Il s'appelait Bismarck.

Profitant de ce que Napoléon III était occupé ailleurs, Bismarck et le roi Guillaume agrandissaient la Prusse. Ils organisaient aussi une armée puissante et redoutable, munie de nombreux canons et d'un fusil perfectionné, le fusil à aiguille.

Lorsque Bismarck jugea le moment venu, il tendit un piège à Napoléon III. Il arrangea une dépêche, la fameuse dépêche d'Ems, qui faisait croire que le roi Guillaume avait insulté notre ambassadeur. Comme Bismarck l'avait calculé, les Français s'indignèrent. La guerre fut déclarée à la Prusse, et tout Paris cria :

« A Berlin ! »

Au lieu d'aller à Berlin, ce furent les Prussiens qui vinrent à Paris. A Sedan, Napoléon III vaincu rendit son épée au roi Guillaume. Deux jours plus tard, le 4 septembre 1870, le second Empire était renversé. L'impératrice Eugénie devait prendre le chemin de l'exil. Quant à son fils, le petit prince impérial, que les parisiens avaient vu si souvent faire l'exercice dans les jardins des Tuileries, il ne devait pas régner plus que l'Aiglon. Plus tard, il mourut bien loin, dans un pays sauvage d'Afrique, percé d'une lance, par un Zoulou.

LA GUERRE DE 1870

Après le désastre de Sedan, la France fut envahie.
 Des légions d'Allemands chaussés de lourdes bottes et coiffés de casques à pointe avancèrent de tous côtés pour s'emparer de Paris.
 La grande ville résista, espérant toujours être délivrée. Elle avait été assiégée plusieurs fois, comme nous l'avons vu, dans son ancienne histoire. Ce siège-là fut terrible, car il dura tout un hiver qui fut très froid. Et, bientôt, deux millions d'habitants, enfermés dans ses murs commencèrent à manquer de tout. On finit par se nourrir de pain moisi, de chiens, de chats et de rats.
 C'est en vain que des sorties furent tentées et que les Parisiens essayèrent de rompre le cercle des Prussiens au Bourget et à Champigny. C'est en vain aussi que Gambetta s'échappa de Paris en ballon pour organiser en province la levée en masse. Malgré quelques beaux faits d'armes, ces armées improvisées succombèrent devant les Prussiens trop nombreux, disciplinés et pourvus d'armes excellentes.
 Paris dut se rendre mais les Prussiens osèrent à peine y entrer. Ils se contentèrent d'envoyer quelques régiments défiler aux Champs-Élysées.
 Cependant nos malheurs n'étaient pas finis, car les Parisiens avaient été exaspérés par leurs souffrances et par leurs déceptions, et une partie d'entre eux écouta les révolutionnaires. La Commune fut proclamée. On arbora le drapeau rouge, dont le reste de la France ne voulait pas. Et sous les yeux moqueurs des Prussiens, qui campaient non loin de là, l'armée de Versailles dut reprendre Paris rue par rue. Se voyant battus, les Communards fusillèrent les otages qu'ils avaient pris, et eurent même l'atroce idée de brûler la ville après avoir arrosé les maisons de pétrole. Du château des Tuileries et du vieil Hôtel de Ville il ne resta que des cendres.
 Pendant ce temps, à Versailles, dans le palais de Louis XIV, le roi Guillaume victorieux s'était fait proclamer empereur de toute l'Allemagne. Et Bismarck

imposa à la France le traité de Francfort, dont il avait arrêté toutes les conditions avant de partir en guerre.

Nous perdions l'Alsace avec Strasbourg, une partie de la Lorraine avec Metz, et ces provinces, malgré leurs protestations, furent annexées au nouvel Empire allemand. Enfin nous devions payer une indemnité de cinq milliards, et des troupes prussiennes occuperaient notre territoire tant que cette grosse somme d'argent ne serait pas versée jusqu'au dernier sou. Sedan nous avait coûté encore plus cher que Waterloo. Pourtant la France a exécuté le traité de Francfort. Elle a payé les cinq milliards. Et si elle a pleuré les provinces perdues, elle n'a pas essayé de les reprendre par la force. Pour que l'Alsace et la Lorraine redevinssent françaises, il a fallu que l'Allemagne elle-même, en 1914, déclarât la guerre avec l'intention de faire encore des conquêtes.

La France envahie en 1870

LA TROISIÈME RÉPUBLIQUE

Comme l'Empire de Napoléon III était tombé, il fallait choisir pour la France un nouveau gouvernement. Serait-ce la monarchie avec Henri V ou la République ?

A l'Assemblée nationale de 1871, les monarchistes étaient les plus nombreux. Mais ils ne surent pas se mettre d'accord, et les républicains l'emportèrent. Pourtant la République ne fut votée qu'à une voix de majorité. Le premier président fut le maréchal de Mac-Mahon, celui qui avait dit à Sébastopol :

« J'y suis, j'y reste. »

Depuis, il y a eu huit autres présidents, élus pour sept ans, mais qui ne sont pas tous allés jusqu'au bout de leur mandat. L'un d'eux, Sadi-Carnot, le petit-fils du grand Carnot de la Révolution, fut assassiné par un anarchiste. Et le plus célèbre de tous fut Raymond Poincaré, qui a été président pendant la Grande Guerre.

Je ne vous raconterai pas l'histoire de la troisième République, car j'aurais à vous citer trop de changements de ministres et de ministères. Pendant ces batailles de la Chambre des députés, des Français hardis agrandissaient les colonies de la France. Le Tonkin fut conquis sur les Pavillons-Noirs. La Tunisie fut ajoutée à l'Algérie. Ensuite ce fut le Maroc, où le maréchal Lyautey a laissé un aussi grand nom que jadis Dupleix dans l'Inde. Toute l'Afrique du Nord est devenue française quatre-vingts ans après que Charles X avait pris Alger.

Au cœur de l'Afrique, d'autres Français allaient porter notre drapeau. Le commandant Marchand, accompagné d'un lieutenant qui devait être un grand général et rendre illustre le nom de Mangin, traversa audacieusement tout le continent noir, et, parti de l'océan Atlantique, arriva en Égypte. Là, sur le Nil, à Fachoda, il rencontra les Anglais, et l'on crut un moment que les anciennes guerres coloniales avec l'Angleterre allaient renaître. Mais cette vieille querelle était finie, et l'on s'aperçut que la France et l'Angleterre avaient plus de raisons de s'entendre que de se battre.

Les colonies n'ont pas été inutiles à la France. Car elle y a trouvé de bons et fidèles soldats, cette armée noire qui nous aide à tenir tête à un ennemi plus nombreux. Car il y avait maintenant à côté de nous une grande Allemagne qui, non contente d'avoir annexé l'Alsace et la Lorraine, était jalouse que la France fût riche et qu'elle eût un sol fertile qui donne en abondance du pain blanc et du bon vin. Bien que la France évitât de provoquer les Allemands, ils ne cessaient de rendre leur armée plus forte, de fabriquer plus de fusils et plus de canons, et l'on sentait qu'ils n'attendaient qu'une occasion de nous envahir encore.

Comme ils étaient 60 millions contre 40 millions de Français, il nous fallait des alliés pour pouvoir nous défendre. C'est ainsi que se forma l'alliance franco-russe. Le danger allemand devenait si menaçant pour tout le monde, que le tsar de Russie n'hésita pas à s'unir à la République française. Ensuite, l'Angleterre elle-même, inquiète de la grande flotte que l'Allemagne s'était donnée, se rapprocha de nous, et ce fut l'entente cordiale entre Anglais et Français qui oublièrent les luttes d'autrefois.

Pendant les dix années qui précédèrent 1914, les Allemands ne cessèrent pas de nous chercher des querelles et de nous adresser des provocations. L'empereur Guillaume II disait tout haut qu'il tenait *« son épée aiguisée et sa poudre sèche »*. L'armée allemande devenait de plus en plus nombreuse. Pourtant il y avait beaucoup de gens, en France et ailleurs, qui ne voulaient pas croire que la guerre fût possible. Les Allemands se chargèrent de les détromper.

Conquête de l'Algérie

40

LA GRANDE GUERRE

A la fin du mois de juillet 1914, l'ambassadeur d'Allemagne à Paris avertit le gouvernement français qu'il lui ferait la guerre si la France restait fidèle à l'alliance russe. A la vérité, l'Allemagne cherchait un prétexte quelconque, et c'était bien la France qu'elle avait l'intention d'attaquer. On négociait encore, lorsque Guillaume II inventa que des avions français étaient venus voler au-dessus de Nuremberg, et la guerre nous fut déclarée.

Ce fut la plus grande guerre la plus terrible de tous les temps. Non seulement elle dura plus de quatre années, non seulement dix millions d'hommes y périrent, non seulement on se battit dans presque toute l'Europe, mais l'Allemagne était si dangereuse pour les autres peuples, que vingt-sept nations, y compris la grande République des États-Unis d'Amérique, durent s'unir pour venir à bout de l'Empire. Dans cette lutte, ce fut aussi la France qui fit le plus de sacrifices après avoir sauvé le monde à la bataille de la Marne.

Les Allemands en voulaient si bien à la France, que, pour arriver plus vite à Paris, ils traversèrent la Belgique, bien qu'ils n'en eussent pas le droit, car ils s'étaient engagés eux-mêmes à la respecter. Ils violèrent cyniquement leur parole : « *Chiffon de papier !* » dit leur chancelier. Ils croyaient alors que la victoire effacerait ce parjure.

Et ils se crurent bien près d'être victorieux. En effet, ayant passé à travers la Belgique, alors que l'armée française les attendait sur les Vosges, ils avancèrent à marches forcées et envahirent nos départements du Nord, se rapprochant tous les jours de Paris. Sûrs d'eux-mêmes, ils criaient joyeusement : *Nach Paris !*

Ils étaient trop sûrs d'eux-mêmes. Les présomptueux sont toujours imprudents. Le général Von Kluck s'imagina que les soldats français, s'étant repliés devant l'avalanche, étaient battus d'avance. Mais il y avait, dans le camp retranché de Paris, un chef énergique, Galliéni, qui observait tous ses mouvements. Il sut, par un avion, que Von Kluck s'était découvert. Aussitôt, réquisitionnant tous les taxis de Paris, il envoya ses troupes le prendre de flanc, tandis que le généralissime de l'armée française, Joffre, ordonnait une offensive générale. Surpris, bousculés, les Allemands reculèrent en désordre.

La bataille de la Marne était gagnée. Paris était sauvé. C'était une victoire aussi grande que celle des Gallo-Romains et des Francs qui avaient mis en fuite Attila, que celle de Denain qui avait arrêté l'invasion sous Louis XIV. Quand le chef d'état-major de Guillaume II lui annonça cette nouvelle, il lui dit :

« *Majesté, nous avons perdu la guerre !* »

En effet, quoi qu'ils aient tenté, les Allemands n'ont jamais pu réparer leur défaite de la Marne. Comme des rats pris dans une ratière, ils se sont démenés furieusement pendant de longs mois sans arriver à d'autre résultat que de faire tuer beaucoup de braves gens. Après la bataille de la Marne, ils s'étaient réfugiés derrière des fortifications qu'ils avaient élevées en grande hâte sur notre sol, et la terrible guerre de tranchées commença. Les guerres du passé n'étaient rien à côté de celle-là, car tout ce que la science peut inventer pour détruire la vie humaine, les Allemands l'appliquèrent. Bientôt on ne se battit plus seulement avec des canons qui lançaient d'énormes obus, avec des grenades, avec des lances qui jetaient du feu, on se battit dans l'air avec des avions, sous la mer avec des sous-marins. Les Allemands, les premiers, se servirent de gaz asphyxiants qui allaient au loin empoisonner les soldats.

Ils en firent tant, persécutant et fusillant les habitants des pays qu'ils avaient envahis et dévastés, qu'on ne les appelait plus que « *les Barbares* », et nos Alliés les Anglais disaient même « *les Huns* ».

Il faudrait un gros livre pour énumérer toutes les batailles qui se livrèrent à travers l'Europe. On crut que cette guerre ne finirait jamais. Pendant des mois, des régiments allemands se lancèrent à l'assaut de Verdun, et cette bataille-là dura cent fois plus longtemps que les batailles du temps passé, qui semblaient longues quand elles avaient duré plus d'un jour.

Il y avait déjà près de quatre ans que l'on se tuait de tranchée à tranchée, lorsque les Allemands, se sentant à bout, voulurent jouer le tout pour le tout. Leur généralissime Ludendorff était aussi présomptueux que Von Kluck. Il attaqua Amiens avec violence, dans l'espoir de rompre le front des alliés. En même temps, des canons, à longue distance, bombardaient Paris, tuant des femmes et des enfants, tandis que chaque nuit des gothas venaient jeter des bombes explosives sur la ville. Ludendorff trouva à qui parler. La France était dirigée par Clemenceau, un ministre au cœur intrépide. Et les alliés, qui, jusque-là avaient marché en ordre dispersé, acceptèrent d'être conduits par un chef unique, un grand soldat français, le maréchal Foch, qui arrêta la marche des Allemands. D'autres généraux français, Fayolle, Pétain, Mangin, Gouraud, entraînèrent leurs troupes, et, alors, ce furent les Allemands qui commencèrent à reculer. Leur retraite devint bientôt une débâcle. Ils se démoralisèrent. Guillaume II, voyant que tout était perdu, abdiqua et s'enfuit en Hollande.

Le 11 novembre 1918, toutes les cloches de Paris sonnèrent. Le matin, en forêt de Compiègne, les parlementaires allemands étaient venus implorer un armistice auprès du maréchal Foch, dans le wagon d'où il dirigeait les opérations. L'Allemagne était vaincue.

Sept mois plus tard, la paix était signée à Versailles, dans la galerie des glaces où, en 1871, Guillaume Ier avait été proclamé empereur des Allemands. L'Allemagne devait rendre l'Alsace et la Lorraine et restituer tout ce qu'elle avait pris autrefois aux peuples nos amis, par exemple aux Polonais. Elle devait aussi payer de nombreux milliards pour réparer les ruines et les dévastations qu'elle laissait dans notre pays. Mais, moins scrupuleuse que nous après le traité de Francfort, elle a cherché depuis à payer le moins qu'elle a pu.

Un million et demi de Français ont été tués pour cette victoire. Beaucoup ont été blessés. D'autres ont perdu un bras, ou une jambe, ou sont devenus aveugles. Quand vous rencontrez un de ces glorieux mutilés, dites-vous bien que, sans eux, nous aurions été Allemands, de même que, sans Jeanne d'Arc, nous aurions été Anglais.

Maintenant la France a retrouvé toutes ses provinces. Tous ceux qui veulent être Français sont Français. La France se contente de ce qu'elle a. Elle n'attaque personne et elle demande seulement que personne ne l'attaque plus. Mais souvenons-nous de notre histoire : il n'est jamais certain qu'il ne reviendra pas des envieux et des conquérants.

LA GRANDE GUERRE | 105

Grande Guerre de 1914 à 1918

Copyright © 2020 par FV Éditions
ISBN EBOOK : 9791029908125
ISBN COUVERTURE SOUPLE : 9791029908132
ISBN COUVERTURE RIGIDE : 9791029908149
Tous Droits Réservés

ÉGALEMENT DISPONIBLE

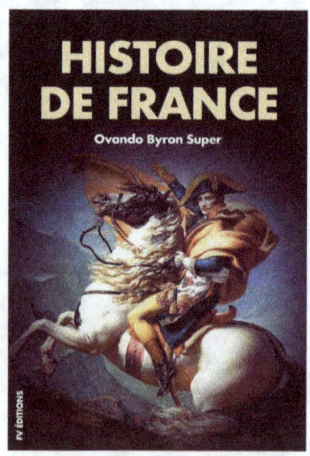

HISTOIRE DE FRANCE

www.ingramcontent.com/pod-product-compliance
Lightning Source LLC
LaVergne TN
LVHW020427070526
838199LV00004B/309